DR FR. MESSERLI

HISTOIRE GÉNÉRALE

DE LA

CULTURE PHYSIQUE

ET DE LA

GYMNASTIQUE MÉDICALE

OUVRAGE RECOMMANDÉ

PAR LE DÉPARTEMENT DE L'INSTRUCTION PUBLIQUE ET DES CULTES
DU CANTON DE VAUD

LAUSANNE
LIBRAIRIE TH. SACK
F. HÆSCHEL-DUFEY, Succ.

PARIS
A. MALOINE & FILS
Rue de l'École de Médecine

HISTOIRE GÉNÉRALE

DE LA

CULTURE PHYSIQUE

ET DE LA

GYMNASTIQUE MÉDICALE

D^R FR. MESSERLI

MÉDECIN-CHIRURGIEN
PROFESSEUR DIPLÔMÉ DE GYMNASTIQUE
Lauréat de l'Université de Lausanne, Prix E.-H. de Céranville

HISTOIRE GÉNÉRALE

DE LA

CULTURE PHYSIQUE

ET DE LA

GYMNASTIQUE MÉDICALE

PRÉFACE DE E. HARTMANN

Professeur de Gymnastique aux Écoles Normale et Supérieure de Lausanne
Président du Comité central de la Fédération suisse de Gymnastique

ET

LETTRE DE A. FREI

Professeur à l'École Réale de Bâle
Président de la Société suisse des Maîtres de Gymnastique

LAUSANNE	PARIS
LIBRAIRIE TH. SACK	A. MALOINE & FILS
F. Hœschel-Dufey, succ.	Rue de l'École de Médecine

1916

Ce modeste aperçu général
sur l'évolution de la Culture physique
est dédié a la
Société Fédérale de Gymnastique
et a la
Société Suisse des Maitres de Gymnastique

Dr Fr. M.

AVANT-PROPOS

« Où pourrons-nous trouver, pour la préparation de notre brevet spécial de maître de gymnastique, un volume d'histoire de la culture physique ? » Telle est la question que se posent toujours les aspirants à l'enseignement de la gymnastique scolaire... « Faites-nous un traité d'ensemble sur cette question que vous avez spécialement et longuement travaillée », nous disait l'an dernier le représentant du Département de l'Instruction publique du canton de Vaud, lors des examens du brevet spécial de maître de gymnastique...

Nous étant spécialement occupé de cette question d'histoire, nous avons essayé de réunir, d'une façon totalement impartiale, les principaux stades de l'évolution de la culture physique. C'est un travail certes loin d'être exempt de lacunes et sans aucune prétention littéraire ; ce n'est qu'une simple énumération historique résultant de la compilation de tout ce que *nous avons pu trouver comme publication sur ce sujet [1].*

Qu'il nous soit ici permis de témoigner notre reconnaissance à MM. les professeurs A. Frei, de Bâle, E. Hartmann, de Lausanne, et H. Bandi, de Berne, pour les précieux renseignements qu'ils ont bien voulu nous communiquer.

D^r F<small>R</small>. M.

---

[1] La liste bibliographique des publications consultées étant trop longue, nous en avons cité dans le texte ou en annotation les principales.

PRÉFACE

Il n'existait guère, jusqu'à maintenant, aucun volume sur l'histoire générale de la culture physique, lacune dont se plaignaient souvent nos maîtres de gymnastique, nos instituteurs et tous les gens de sport en général. Le Dr Messerli, qui d'ailleurs est professeur diplômé de gymnastique et qui s'occupe depuis plusieurs années de culture physique et de l'évolution des sports, a cherché à combler cette lacune, chose certes qui n'était pas facile à faire. Il lui a fallu, en effet, se soumettre à un travail peu ordinaire de recherches et de compilation. Il n'était guère aisé aussi de se procurer en temps de guerre des renseignements complets; aussi ne doit-on pas être étonné si l'auteur lui-même, dans son avant-propos, déclare son travail loin d'être exempt de quelque omission; nous sommes néan-

moins convaincu qu'il n'est pas possible de faire
un résumé d'ensemble plus complet, car la culture
physique des pays les plus importants y a été en-
visagée et les principaux stades de son développement y sont décrits. C'est le seul travail d'ensemble sur l'histoire de la culture physique qui
envisage impartialement toutes les écoles et pays.

Nous relevons spécialement cette impartialité,
qui caractérise cette histoire générale. Plusieurs
publications ont déjà paru, comme on peut le ju-
ger par la lecture de ce volume même, sur l'histoire de la culture physique, mais toutes ne se
rapportaient qu'à une école et ne décrivaient ou
même ne vantaient que celle d'un pays en ignorant
les autres. Nous devons, à ce sujet, néanmoins
reconnaître qu'aucune histoire générale sur la
culture physique n'avait paru ces dernières années
en français[1], seul le volume du professeur G.
Demeny : *Evolution de l'éducation physique, l'Ecole
française*, volume que le Dr Messerli a largement
consulté, traitait particulièrement cette question.
En Allemagne, par contre, plusieurs volumes sur
l'histoire générale de la gymnastique ont été pu-

[1] Dans les introductions des volumes de gymnastique
Junod et Senglet, et Droz, ont paru des résumés sur l'historique de la gymnastique.

bliés, mais ils ignorent tous systématiquement ce
qui a été fait à ce sujet dans tous les autres pays.
Le chauvinisme absolu ne devrait pourtant pas se
manifester dans des volumes traitant des sujets
généraux, comme l'histoire de la gymnastique, ou
même dans des volumes scientifiques, comme on
le constate fréquemment ces temps-ci. Nous devons
louer l'impartialité du Dr Messerli.

A propos de chauvinisme, nous citerons ici une
phrase tirée de l'introduction d'un volume, paru
en Allemagne, sur l'histoire de la gymnastique :
« Depuis les temps les plus anciens jusqu'à maintenant, il n'y a eu que trois peuples qui ont compris combien il était nécessaire d'établir en un
système méthodique et scientifique les exercices
corporels ; ce sont les Grecs dans l'antiquité, les
Allemands et les Suédois en cette époque moderne »[1]. Inutile d'ajouter, à part cinq pages bana-
les consacrées à l'antiquité et une au système
suédois, que l'auteur ne parle et vante que l'école
allemande et ignore l'évolution de la culture physique des autres pays.

Il était de nouveau, en présence de ces différentes écoles nationales, qui ont évolué simultané-

[1] RUDOLF GASCH, *Geschichte der Turnkunst.* Leipzig, 1912,
page 7.

ment, peu aisé d'établir un plan général montrant
nettement le développement de la culture physique dans tous les pays. Le plan adopté par le
Dr Messerli nous semble très rationnel et clair.
Après la description des exercices physiques pratiqués durant l'antiquité et le moyen âge, le Dr
Messerli nous montre leur évolution jusqu'à la
création des trois grandes écoles : la française,
l'allemande et la suédoise, qu'il nous décrit ensuite
successivement et impartialement ; puis dans son
chapitre sur l'époque contemporaine, après avoir
mentionné les ouvrages scientifiques de culture
physique et nous avoir décrit les différentes gymnastiques modernes, il nous expose l'évolution
générale du mouvement sportif en ces dernières
années.

La seconde partie de ce travail, intitulée « le
développement de la gymnastique scolaire et de la
gymnastique de société », était un complément
indispensable à la description générale qui pré-
cède. Peut-être sera-t-on étonné de la description
relativement longue de la gymnastique scolaire
allemande ; il nous semble nécessaire de rappeler
à ce sujet que chaque Etat de l'Empire allemand a
ses lois et ses programmes scolaires particuliers,
tandis que tous les autres pays n'ont qu'un pro-

gramme scolaire général). Il était, pour être complet, nécessaire de décrire successivement la gymnastique scolaire en Prusse, en Bavière, en Saxe, etc.

L'utilité d'un tel manuel d'histoire générale de l'éducation physique est incontestable ; non seulement les maîtres de gymnastique, mais aussi les instituteurs, les gymnastes et même les médecins, puisque ce volume traite également l'histoire de la gymnastique médicale, le consulteront avec avantage. En outre, il sera un guide sûr pour les candidats au brevet de maître ou maîtresse de gymnastique.

En notre qualité de professeur d'éducation physique et de président de la Société fédérale suisse de gymnastique, nous saluons avec joie l'apparition de ce volume, que nous nous faisons un devoir de recommander vivement.

È. HARTMANN.

LETTRE DE M. A. FREI

Très honoré Monsieur,

Nous avons appris avec un réel plaisir votre intention de publier un aperçu historique de la culture physique et de la gymnastique médicale, et c'est un fait réjouissant pour nous que de voir un médecin porter un si grand intérêt à une branche d'enseignement qui nous est chère.

Vous ne connaissez pas seulement la gymnastique pour l'avoir pratiquée à l'école et dans les sociétés ; vous vous êtes livré à de nombreuses recherches et vous êtes familiarisé avec cette importante branche de l'éducation intégrale de l'enfant dans les cours normaux destinés au personnel enseignant.

En dehors de votre domaine spécial, vous avez tenu à venir combler une lacune en condensant dans un volume agréable à lire l'évolution de l'éducation physique et son état actuel dans les différents pays du monde. Nous vous en remercions sincèrement.

« Ce que tu as hérité de tes pères, t'en empare pour le posséder ! »

Il est utile et agréable aux intéressés de suivre ainsi de page en page les stades de l'éducation physique, son développement, ses tendances, ses buts et ses moyens aux différentes époques de l'histoire.

Nous nous faisons un devoir et un plaisir de recommander ce volume, que vous ayez eu l'amabilité de dédier à la Société suisse des Maîtres de Gymnastique.

Avec l'assurance de ma parfaite considération.

BALE, juillet 1916.

A. FREI,
Président de la Société suisse des
Maîtres de Gymnastique.

INTRODUCTION

Les exercices physiques sont pratiqués par la race humaine, dont ils furent le principal soutien, depuis le début de son existence, pouvons-nous dire. L'homme primitif, en effet, a déjà été obligé d'utiliser son activité musculaire pour assurer sa vie, soit pour attaquer ou se défendre, soit encore pour manifester ses sentiments. Les danses, sauts, courses, gambades étaient la traduction, l'extériorisation de la joie et accompagnaient la gaîté, tandis que les mouvements lents des bras, du tronc et de la tête accompagnaient les lamentations et traduisaient la tristesse et le désespoir. Les sentiments religieux eux-mêmes, dans l'antiquité surtout, se sont aussi manifestés par des mouvements et des exercices physiques de toutes les parties du corps, ce qui existe d'ailleurs encore chez certaines sectes hindoues et musulmanes.

Plus tard, avec la civilisation, puis surtout avec l'apparition du christianisme, les exercices phy-

2

siques furent de plus en plus délaissés, et ce n'est somme toute que le siècle dernier qu'ils subirent une résurrection, lorsqu'on s'aperçut de la déchéance physique de la race humaine et de son état de débilité produits par l'absence de mouvement.

Les exercices physiques ont donc repris leur place dans la vie de la société actuelle; on leur reconnaît un grand rôle hygiénique et thérapeutique et on admet universellement qu'ils sont surtout nécessaires pour le développement harmonieux et esthétique du corps humain et pour l'acquisition d'une santé robuste, permettant à l'organisme de lutter vaillamment contre toutes les atteintes auxquelles il est exposé.

PREMIÈRE PARTIE

Histoire générale de la Culture physique

et de la Gymnastique médicale

CHAPITRE PREMIER

Dans l'antiquité.

Les bas-reliefs, certaines peintures et statues et les manuscrits que nous a légué l'antiquité nous montrent que les exercices corporels avaient une place considérable dans les coutumes de certains peuples. Nous ne voulons ici énumérer que très brièvement les exercices sportifs pratiqués par les principaux peuples, en décrivant pourtant ceux des Grecs d'une façon plus détaillée.

L'*Egypte,* par ses bas-reliefs, nous montre que ses habitants pratiquaient déjà, trois à quatre mille ans avant notre ère, des exercices sportifs autant variés que perfectionnés. La course, le saut, la lutte, le grimper, la boxe, l'aviron, les joutes sur l'eau, etc., sont les sujets de multiples bas-reliefs et tombeaux. CHAMPOLLION[1] nous dit à propos des exercices des Egyptiens : « Tous les exercices se font à pied et sont dirigés selon les préceptes de la gymnastique la plus perfectionnée. Rien n'est plus varié que la pose des lutteurs attaquant, se défendant, reculant, se baissant ou renversés, se relevant et triomphant de l'adversaire par la force, la ruse et l'adresse. Dans ces exercices, les lutteurs étaient nus, une large ceinture soutenait et favorisait leurs efforts. » H. SOMEN[2] ajoute à cette description : « L'équitation est peut-être le seul exercice, en tant que sport, qui ne fut point pratiqué par les Egyptiens. » Nous voyons donc que la culture physique était très développée et très en honneur dans le pays et sous le règne des Pharaons.

Indes. — A la même époque, les exercices physiques étaient également très pratiqués par les Hindous, qui étaient surtout de fervents lutteurs. Ils excellaient en effet dans les diverses sortes de luttes (lutte simple, lutte à corde, etc.) ; c'était leur sport préféré qui trouvait même sa place dans les manifestations religieuses et lors du mariage de deux jeunes gens ; en effet, une coutume voulait que tout Indien, pour mériter la main d'une jeune fille, montrâ sa force en terrassant les adversaires qu'on lui présentait. Plusieurs manuscrits de la Biblio-

[1] CHAMPOLLION, *Egypte ancienne.*
[2] H. SOMEN, *Le massage dans les sports.* Paris, 1913.

thèque nationale française et quelques bas-reliefs
du Louvre représentent les luttes des Hindous.

Chine. — C'est en Chine que la gymnastique fut
pratiquée en premier lieu d'une façon scientifique ;
elle y atteignit son plus grand degré de perfectionnement sous le règne de HOANG-TI, soit environ
2800 à 2700 ans avant notre ère. C'est alors que fut
créé le « Koung-Fou », sorte de gymnastique médicale qui fut d'abord surtout pratiquée par une secte
religieuse et qui plus tard se généralisa dans toute
la Chine, où elle est encore en honneur.

Les exercices du « Koung-Fou » sont de deux
sortes : ceux de « posture » et ceux de « respira-
tion ». Les premiers comprennent l'exécution de
mouvements des différentes parties du corps dans
les positions (postures) debout, assise et couchée.
Quant aux exercices respiratoires, ils s'exécutent
de trois façons : soit par le nez, soit par la bouche
ou soit en inspirant par l'un de ces deux orifices et
en expirant par l'autre ; son intensité est graduée
selon le but thérapeutique. Cette gymnastique, qui
n'a donc qu'un but uniquement médical, serait
d'après certains auteurs modernes, entre autres
TROAT et DALLY [1], l'inspiratrice de la gymnastique
suédoise qui ne serait « qu'une fidèle copie du
Koung-Fou chinois ».

Grèce. — Nous pouvons dire que c'est en Grèce
que la culture physique atteignit son plus haut

[1] DALLY, *Cinésiologie*. Paris, 1857.

degré durant l'antiquité. Nous trouvons des mentions d'exercices corporels tout le long de son histoire. HOMÈRE, par exemple, fait une description vraiment intéressante des combats d'athlètes lors des funérailles de Patrocle. Les œuvres médicales de l'antiquité grecque exposent nettement les résultats de la gymnastique dans un grand nombre de maladie ; « il n'est pas douteux que les disciples d'HIPPOCRATE, que les médecins de toutes les écoles primitives connurent mieux que nous la technique du mouvement », prétend HECKEL [1].

C'est surtout à la période de PLATON que la gymnastique et les jeux prirent un développement considérable ; des écoles d'athlètes, de médecins-gymnastes, de pédotribes furent créées à cette époque ; les exercices physiques se répandirent dans toute la Grèce devenant une institution nationale.

Deux méthodes principales d'éducation se rencontrèrent chez les Grecs. Les peuples doriques, de Sparte et de Crète, cherchèrent avant tout dans la gymnastique une formation militaire ; leur méthode d'éducation de la jeunesse était rude et sévère ; les nouveaux-nés non parfaitement développés étaient tués, jugés dès leur naissance inutiles à leur patrie ; les enfants, après avoir été élevés durant sept années dans la maison maternelle, passaient sous la direction d'hommes désignés par l'État pour faire de la jeunesse des futurs soldats.

HECKEL, *Culture physique et cure d'exercices (myothérapie)*. Paris, 1913.

L'éducation ionienne ou athénienne était beaucoup moins rude et donnait comme résultat primordial des corps harmonieusement développés.

Les Grecs, par la culture physique, cherchaient donc à perfectionner l'harmonie et l'esthétique du corps, tout en développant la force et le courage pour lutter contre les ennemis de leur patrie. Ils comprirent que les développements physique et intellectuel devaient marcher de pair, qu'il ne suffisait pas seulement d'atteindre un certain degré de force, mais qu'il était plus important de développer le corps d'une façon générale, de lui donner des formes, de la beauté et d'obtenir de la dextérité et de l'adresse. Aussi les Grecs ne cherchèrent-ils pas, à part les athlètes, la spécialisation marquée en un seul exercice ; ils voulaient que les jeunes gens puissent pratiquer plusieurs exercices. Ils devaient savoir et pratiquer en tout cas les cinq jeux de la *pentathle*, la lutte, le saut, la course, le jet du disque et le jet du javelot, qui constituaient la base de leur système. Ce n'est que lorsque rompus à tous ces exercices et leurs corps jugés harmonieusement et suffisamment développés, qu'ils pouvaient se spécialiser en un sport unique.

Le nom de Pentathle était aussi donné aux athlètes se mesurant dans les cinq exercices réunis. En plus de ceux-ci, les Grecs s'adonnaient surtout au jeu de la balle, à la danse simple et avec arme (Pyrrhique), à la course en char, à la natation, au jeu de l'arc.

La difficulté de l'exercice était proportionnée à l'âge ; on avait ainsi trois catégories d'exercices : ceux des enfants, ceux des éphèbes (adolescents) et ceux des adultes.

Toute ville grecque, quelque peu importante, possédait son gymnase, son arène et son théâtre où des jeux publics, des combats et des réunions athlétiques avaient lieu. Ces sortes de spectacles étaient consacrés aux divinités et n'avaient lieu qu'après des offrandes et sacrifices préalables. Les principaux de ces jeux, au nombre de quatre, étaient les Olympiques, les Pythiques, les Isthmiques et les Néméens dans lesquels les plus célèbres athlètes de la Grèce allaient se mesurer lors de véritables fêtes nationales ; les vainqueurs y recevaient des récompenses, on les reproduisait en statues dans leurs attitudes de combat, si bien que chaque arène et particulièrement Olympie posséda tout un musée de statues d'athlètes.

Les *jeux olympiques* étaient les plus renommés de tous les jeux nationaux grecs ; ils furent créés à Olympie, ville de la province d'Elide, dans le Péloponèse, en l'honneur de Zeus (Jupiter), père des dieux et des hommes. Les olympiades, qui se célébraient d'abord tous les ans et dont les premières correspondent environ à l'an 1400 avant J.-C., subirent, par suite des guerres intestines de la Grèce, une interruption de trois siècles et ne furent reprises qu'en l'an 776 avant J.-C. sur les conseils du législateur Lycurgue. Ils eurent lieu dès lors tous les quatre ans et commençaient au solstice d'été (22 juin) pour se terminer cinq jours après. Les jeux d'usage étaient ceux de la pentathle auxquels étaient ajoutés le pugilat, les courses de chars et de chevaux. Il y eut aussi des concours de musique et de poésie. Des couronnes d'olivier récompensaient les vainqueurs.

Les *jeux pythiques* furent institués à Delphes par Apollon, le dieu de la lumière, du soleil et des arts, à l'occasion, d'après la fable, de sa victoire sur le serpent Python. Ces jeux ne consistèrent à l'origine qu'en joutes de musique et poésie célébrant Apollon et sa victoire; plus tard on y joignit toutes les épreuves des jeux olympiques. Le laurier était la récompense du vainqueur.

Les *jeux isthmiques*, institués sur l'isthme de Corynthe, en 1260 avant notre ère, par THÉSÉE en l'honneur de Poseïdon (Neptune), dieu des mers, eurent lieu tous les trois ans, en été, avec une splendeur extraordinaire. Les jeux qui s'y disputaient étaient les mêmes que ceux d'Olympie. Les athlètes vainqueurs recevaient une branche de pin.

Les *jeux néméens*, crées en l'honneur de Zeus (Jupiter) par HERCULE après sa victoire sur le lion de Némée, avaient lieu tous les deux ans dans le vallon de Némée. Une branche de lierre couronnait le front des athlètes victorieux.

Les Grecs se livrèrent d'abord aux exercices en plein air, sur des emplacements situés près d'un cours d'eau dans lequel ils prenaient leur bain après l'exercice. Ce n'est qu'au temps de SOLON qu'on commença à construire des gymnases réguliers, qui, premièrement, furent séparés en deux espaces : le palestre, spécialement destiné à la lutte, et le dromos, destiné aux exercices de course. Plus tard, tous les gymnases furent construits, à part quelques différences de détail, d'une façon identique ; VITRUVE nous dit, dans une de ses descriptions, que ce sont « de grands bâtiments avec de multiples et grands espaces ». Ils comprenaient en effet un grand espace à l'air libre entouré de sièges pour les spectateurs, le stadium, long de 600 pieds et servant de piste de course ; quatre portiques dont trois étaient garnis de sièges où les philosophes et rêteurs se réunissaient pour discourir ; sous ces portiques se trouvaient encore des salles de réunion ; une autre piste couverte (xystos) était utilisée lors de mauvais temps ; une salle d'exercice pour enfants et adolescents (l'Ephœbium), une salle pour le jeu de la balle (le Sphaeristerium), un vestiaire (le Coryceum), quatre salles de bains (une de bain froid : frigida lavatio, une de bain d'eau tiède : le Tepidarium, une autre d'eau chaude : concamerata sudatio, et la quatrième, celle du bain de vapeur : le Laconicum), une salle pour l'onction d'huile et le massage (l'Elaethesium) et une autre (le Conestérium), dans laquelle les lutteurs se frottaient de poussière, complétaient le gymnase. Cet édifice était en général situé en dehors et non loin des murs d'enceinte de la ville.

Le gymnase était fréquenté par toute la population, à part les esclaves ; les femmes y avaient également leurs heures d'exercice ; la fréquentation des gymnases était obligatoire pour les enfants dont le développement corporel était autant soigné que l'éducation de l'esprit.

La gymnastique grecque était composée de trois branche : les gymnastiques militaire, médicale et athlétique.

1. La *gymnastique militaire* comprenait, en plus des exercices de la pentathle, le pugilat, les marches militaires, les marches, courses et sauts avec fardeaux et armes. Lors de leur entraînement militaire, les jeunes gens portaient comme fardeau un poids double de celui des armes ordinaires.

Chaque exercice militaire mérite une description spéciale :

La *course*, comprenant celle de vitesse et celle de durée, était classée en course simple (dromos) sur l'espace d'une longueur de stadium, en course double (diaulos) sur l'espace d'un tour soit deux longueurs de stadium, et en course de fond (dolichos) sur l'espace de douze tours de stadium, soit sur plus de quatre kilomètres et demi. PLATON nous donne comme mesure d'exercice de course pour les enfants la demi-longueur du stadium et les deux tiers pour les adolescents ; pour les femmes, il indique comme espace les cinq sixièmes des performances des hommes adultes.

Les Grecs ne pratiquaient que les *sauts* libres de longueur, hauteur et profondeur ; parfois ils s'exerçaient à franchir des obstacles. Ils utilisaient spécialement pour le saut en longueur des haltères légères. Certains athlètes grecs exécutaient des sauts gigantesques, Phayllos de Crotone, par exemple, est cité comme franchissant en longueur un espace de 56 pieds, soit de 16 mètres 80 centimètres ; on croit qu'il s'agit dans ce cas-ci d'un triple saut successif, ce qui d'ailleurs est également énorme, nos champions actuels de saut ne dépassant ainsi pas 15 mètres.

La *lutte* est le plus ancien des exercices grecs. HOMÈRE, dans l'*Iliade*, parle de lutteurs vêtus d'un tablier ; plus tard, les luttes, comme tous les jeux grecs d'ailleurs, furent exécutées par des athlètes totalement nus. On distinguait deux sortes de luttes : dans l'une, les combattants restaient debout et cherchaient mutuellement à se lancer à terre, celui qui était tombé trois fois était considéré comme vaincu ; l'autre lutte, la suite du combat précédent, se continuait directement à terre dès la chute d'un combattant jusqu'au moment où l'un des deux adversaires se déclarât vaincu.

Pour le *jet du disque*, les Grecs utilisaient des disques en forme de lentille de métal, pierre ou bois dur dont la grandeur et le poids étaient variables ; dans les concours, tous les athlètes lançaient un disque de poids et dimension identiques. Un de ces anciens disques grecs, trouvé à Agina, est en bronze

avec un diamètre de 20 centimètres et un poids
légèrement inférieur à deux kilogrammes. Dans
les concours on ne tenait compte que de la distance
de lancement. Les disques ainsi que les mains
droites des athlètes étaient enduits de sable avant
l'exercice afin d'empêcher tout glissement.

Le *jet du javelot* était pour les Grecs avant tout
une préparation à la guerre ; il se fait de nos jours
de la même façon qu'à leur époque, toutefois les
Grecs en possédaient deux sortes : le javelot proprement dit et la javeline. Celle-ci, plus courte que le
javelot, était munie à son extrémité postérieure
d'une lanière en forme de boucle permettant de lui
impliquer en plus de la force de lancement une
impulsion de détente déterminée par l'index ap-
puyant la lanière.

Le *pugilat*, sorte de boxe dans laquelle les athlètes se battaient à coups de poings, armés de gante-
lets de cuir garnis de lamelles de plomb ou de
lanières de cuir, était un combat terrible, dans
lequel souvent l'un des deux adversaires fut tué ou
restait affreusement mutilé ou défiguré. Le mélange
du pugilat et de la lutte, nommé *pancrace*, était
encore un exercice plus violent.

2. La *gymnastique médicale et hygiénique*, qui se
composait de mouvements actifs ou volontaires,
passifs ou communiqués et mixtes, comprenait un
choix d'exercices spéciaux avec but thérapeutique.
Hérode fut le premier à se servir de la gymnastique comme moyen de traitement médical ; il obtint

d'excellents résultats ; HIPPOCRATE, plus tard, posa définitivement les bases de la gymnastique médicale grecque qui, dès lors, se popularisa et dont l'exécution était surveillée par des médecins-gymnastes.

3. La *gymnastique athlétique*, qui comprenait la spécialisation dans un seul sport : lutte, pugilat, course, danse, etc. Les athlètes grecs devaient subir des entraînements méthodiques et prolongés dans les gymnases où, sous la direction des gymnastes-médecins et des pédotribes, ils exécutaient des exercices d'entraînement et étaient astreints à un régime sévère et à une discipline très rigoureuse, les obligeant de s'abstenir de tout ce qui pouvait nuire à leur santé et à leur développement physique. La formule éducative des Spartiates était le symbole de leur vie : « S'exercer aux jeux militaires, se jeter ensuite dans le fleuve et se réconforter enfin de brouet noir ! »

Les Grecs, qui étaient convaincus que les forces intellectuelles et physiques ne se conservent que par le travail et l'activité, ne négligèrent aucune occasion d'encourager les exercices corporels et les athlètes. L'honneur de remporter aux Olympiades ou autres fêtes nationales une couronne d'olivier ou de laurier constituait pour une famille une joie et gloire incomparables. Les athlètes vainqueurs étaient reconduits dans leurs villes, dans les murs d'enceinte desquelles on pratiquait parfois une brèche d'entrée en leur honneur, sur un quadrige, char attelé de quatre chevaux blancs.

Les jeux nationaux grecs n'eurent d'autre but que d'entretenir l'activité physique et intellectuelle, ainsi que d'accroître la force et la virilité du peuple grec.

Ajoutons que le terme de gymnastique vient du mot grec « gumnos » voulant-dire nu, les Grecs pratiquant ainsi les exercices corporels.

Rome. — Les jeux et exercices gymniques ne pouvaient manquer d'avoir chez les Romains, qui furent le peuple le plus guerrier de l'antiquité, une très grande vogue. Le goût de l'exercice corporel est aussi développé que chez les Grecs, quoique différemment. Au lieu de tendre vers la beauté et l'esthétique corporelle comme ces derniers, les Romains n'eurent comme but que la formation de soldats robustes et pratiquèrent essentiellement et presque uniquement la gymnastique militaire.

Les Romains ne construisirent des gymnases que longtemps après les Grecs, mais ils surpassèrent ceux-ci par le nombre et la splendeur des bâtiments nommés cirques et amphithéâtres et où avaient lieu des jeux publics. Rome fut également célèbre par ses thermes, vastes établissements de bain et gymnastique, construits, quoique plus luxueusement et dans des dimensions plus vastes, sur les plans des gymnases grecs.

Les Romains, après s'être adonnés à l'origine à

la gymnastique militaire, préférèrent les jeux de cirque et surtout les combats de gladiateurs, qui, plus cruels, les émouvaient et satisfaisaient mieux leurs instincts guerriers, tandis que les simples exercices d'adresse et de force ne les enthousiasmaient guère. Les jeux de cirque dégénérèrent en des combats sanglants et barbares dans lesquels beaucoup de combattants perdirent la vie. La cruauté des Romains alla jusqu'à faire combattre des esclaves sans armes contre des animaux sauvages tels que lions, tigres, léopards, etc. Les Romains ne cherchaient plus qu'une distraction dans les jeux de cirque, et le ralentissement de leur activité physique entraîna la corruption des mœurs ; leurs mâles et guerrières vertus s'amollirent, prélude de la ruine de Rome qui, dans l'apogée de sa force, avait pourtant réuni en un seul état tous les pays que baigne la Méditerranée.

Les combats de gladiateurs eux-mêmes subirent à la fin une véritable décadence et sous l'empereur Théodose le Grand, environ en l'an 400, tous les jeux et exercices gymniques furent abolis.

Le christianisme, dans sa réaction contre les excès de la décadence païenne, enseigna le renoncement à tout ce qui est matériel et terrestre et relégua au second plan la conservation de l'intégrité corporelle ; il fut, par ce fait, fatal à la culture physique.

CHAPITRE II

Moyen âge et Renaissance.

(Vme au XVIme siècle.)

Les apôtres du christianisme enseignèrent à leurs disciples le renoncement de tout bien-être matériel ; la conservation de la force et de la beauté corporelle fut donc abandonnée et l'esprit de sacrifice, les sentiments de charité, l'exaltation morale, le renoncement de soi-même et le désir de ressembler au Christ, que l'on représentait toujours avec un facies et habitus malingre, c'est-à-dire tous les caractères essentiels du christianisme effacèrent la vigueur brutale avec laquelle le païen défiait les forces de la nature.

Le moyen âge, surtout à son début, est une période sombre, pleine de mysticisme ; la beauté et la vigueur corporelle, qui sont considérées comme des choses par trop matérielles, sont méprisées, délaissées. Les invasions des barbares venant de l'Est complétèrent la destruction de la vieille civilisation romaine.

3

Les peuples vaincus et les faibles furent réduits
à la servitude et on distingua les seigneurs qui
donnèrent naissance à la noblesse et à la chevalerie
et les serfs.

Jusqu'au IXme siècle, les exercices corporels restèrent dans un oubli presque complet ; seules la
chevalerie et la noblesse conservèrent d'antiques
traditions de culture physique les préparant aux
luttes continuelles dont la vie de tout seigneur
était emplie.

La chevalerie, qui naquit de l'émiettement de
l'empire de Charlemagne (768-814), devint dès le
XIme siècle, époque où vivait Arthus de Bretagne
qui créa les Chevaliers de la Table-Ronde, une véritable institution spéciale ayant comme but principal la protection des faibles et des vassaux contre
les incursions des pirates et des pillards. Les seigneurs transformèrent leurs demeures en de véritables châteaux-forts, qui servirent de refuge aux
populations environnantes. La chevalerie se distingua aussi dans les croisades (1096-1270).

Les combattants de cette époque étaient recou-
verts d'armures de fer et étaient armés principalement de lances et de haches. Chaque seigneur devait
s'astreindre, pour pouvoir supporter le poids de
pareille armure et pour être apte au combat, à un
entraînement corporel préalable peu ordinaire.
RABELAIS, dans *Gargantua*, nous montre quelle
était l'éducation de la chevalerie ; il y esquisse en
outre pour celle-ci un véritable programme de

culture physique en insistant spécialement sur les exercices pratiques : « d'un sault passoit un fossé, voloit sur une haie, montoit six pas encontre une muraille, et rampoit en ceste façon à une fenestre de la haulteur d'une lance ». Cette éducation virile n'était guère nationale ; seule la noblesse en bénéficiait.

Le reste du peuple ne s'adonnait qu'à certains jeux et danses. Cependant au XVme siècle, les exercices physiques trouvèrent de nouveau des adeptes parmi le peuple de notre continent européen ; les temps et la vie étaient durs, il fallait constamment être sur le qui-vive, se défendre et même pour un prêtre il était utile de posséder quelque connaissance du maniement de l'épée. C'est de cette époque que date la première origine du mot « sport » qui est française et non anglaise, comme on le croit généralement. C'est des vieux mots « desports » et « desporter » qu'il fut tiré ; « des ports » signifiant en vieux français : jeu ; « des porter » : jouer. Au moment de la Révolution française, le mot de sport fut exporté par les émigrés de France en Angleterre, où il prit pied et subsista.

Les exercices physiques du moyen âge et de la Renaissance peuvent être classés en deux sortes : ceux qui préparaient à la guerre et les jeux proprement dits.

Le jeu favori de la chevalerie et surtout de l'aristocratie française était le « tournoi », c'était le grand « desport », le plus passionnant, le plus noble, le plus dangereux et meurtrier ; il constituait, quoique étant une joute pacifique et une fête de toute splendeur, une véritable école de combat. Le vainqueur était celui qui frappait le plus fort, qui désarçonnait son partenaire, et le vaincu payait rançon et perdait ses armes et son cheval. Ce fut GEOFFROY DE PREUILLY, chevalier de Touraine, qui vers la fin du XIme siècle institua les règles des tournois. Ceux-ci, quoique très en vogue auprès des chevaliers et même du peuple qui les suivait comme spectateur avec intérêt, furent interdits, déjà au XIIIme siècle, par les papes à la suite des nombreux tués lors de ces combats. Malgré cette interdiction et malgré les peines d'excommunication que les papes prononcèrent contre les participants aux tournois, ceux-ci restèrent en grand honneur jusqu'en 1559, date de la mort du roi Henri II, blessé mortellement dans un de ces combats par le duc de Montgommery.

Dès le début du XVIIme siècle jusqu'à la fin du XVIIIme, les tournois furent remplacés en France par les « carrousels », qui, importés d'Espagne et d'Italie, consistaient en des combats simulés de chevaliers, en quadrilles équestres et en assauts de lance contre des mannequins de bois placés comme but sur l'emplacement de jeu. Au XIIme siècle déjà, la « quintaine » était un exercice couramment pratiqué par les cavaliers européens, particulièrement par ceux de France. Le cavalier « piquait des deux », visant un but à côté duquel il passait à toute allure ;

il s'exerçait à rompre sa lance en frappant le but en son centre et à continuer sa route à cheval sans broncher et sans perdre équilibre.

La transformation de l'art de la guerre due à l'invention de la poudre à canon (vers 1330), ainsi que l'abolition des tournois changèrent, effacèrent même les traditionnels usages de l'ancienne chevalerie, qui «dégénérèrent bientôt en une aveugle fureur pour les duels [1]».

Les gens du peuple s'exerçaient à d'autres jeux plus simples et moins coûteux que ceux de la chevalerie, par lesquels ils cherchaient aussi à devenir forts ; ils faisaient du saut, couraient, lançaient la pierre, le javelot, etc. Pour l'homme du peuple, comme pour l'aristocratie, être gros, fort et «ossu» devint à la fin du moyen âge une qualité.

La lutte fut de tout temps un exercice de prédilection des peuplades d'origine germanique ; durant tout le moyen âge, seigneurs et manants germains excellent à ce jeu. En Suisse, c'était déjà un jeu national ; en chaque village suisse, les paysans organisaient des sortes de fêtes de lutte, armes et jeu qui se terminaient toujours par des danses et même par l'attribution de prix. Cette vieille coutume est d'ailleurs maintenant encore en honneur dans certaines régions de nos Alpes helvétiques.

Le roi des anciens «des ports» moyenâgeux fut certainement le «jeu de la paume», qui semble

[1] JUNOD ET SENGLET, *Gymnastique populaire raisonnée*. Paris et Neuchâtel, 1873, p. 40.

avoir toujours été pratiqué en France, tandis qu'il
n'apparût qu'au XVme siècle en Allemagne. Il se
jouait au moyen âge en plein air et était pratiqué
à toute époque, même durant les guerres, dans les
camps, par les gens de toute classe, depuis les vi-
lains jusqu'au roi. Plus tard, ce jeu de « longue
paume » fut remplacé par celui de la « courte
paume », un ancêtre du tennis actuel, jeu qui se
pratiquait dans des salles quadrangulaires, les
« salles du jeu de paume ».

D'autres jeux furent encore à cette époque en
faveur sur le sol français ; ce sont la « soule » ou
« choule », qui n'est autre que le « football » actuel,
et le « jeu de la crosse » qui nous est revenu,
ressuscité d'Angleterre, sous le nom de « golf ».

A part les combats des chevaliers et les jeux populaires, nous ne trouvons pas trace d'exercices
corporels jusqu'au XVIIIme siècle. La gymnastique
était totalement bannie des exercices d'éducation,
dont la direction était entre les mains des prêtres.

Un certain nombre d'auteurs et philosophes re-
prennent aux XVme et XVIme siècles la question des
exercices physiques, réclamant surtout une éducation virile de la jeunesse semblable à celle des
anciens grecs :

En Italie : MAPHEUS VEGIUS (1407-1458), publia à
Milan, en 1491, six volumes sur l'éducation des enfants ; il demande, pour faciliter leur développement
corporel et comme récréation pour eux, que les enfants exécutent des mouvements corporels faciles.

Un médecin italien, Jérome Mercurialis (1530-1606), fit paraître à Venise en 1569 un volume « de arte gymnastica », dans lequel il s'évertua de mettre en évidence le but hygiénique et thérapeutique de l'exercice et son rôle dans l'antiquité ; son volume qui, comme Mercurialis l'écrivit lui-même dans la préface de la première édition, « n'est pas seulement utile aux médecins, mais aussi à tous ceux qui cherchent à connaître l'antiquité et veulent obtenir une bonne santé », a été déclaré « le trait-d'union entre la gymnastique antique et la gymnastique moderne[1] ».

Nous trouvons à cette époque aussi en Espagne un vrai réformateur du système d'éducation de la jeunesse ; c'est Louis Vives (1492-1540), qui publia plusieurs travaux, dont le principal intitulé *De tradendis disciplinis* (1531), dans lesquels il dit que les exercices physiques et les jeux sont une nécessité pour l'organisme humain, et que ceux-ci ne devraient non seulement être exécutés par les enfants au dehors par le beau temps, mais aussi dans des locaux couverts lors des intempéries.

En France : Jacob Sadolet (1477-1547), fait ressortir, dans un volume publié à Paris en 1533, *De liberis recte instituendis* (traduit en français et en italien), l'importance de la gymnastique comme moyen éducatif des enfants.

François Rabelais (1483-1553), esquissa dans

[1] Dr H. Somen, *Le massage dans les sports.* Paris, 1913, p. 32.

Gargantua un programme complet de culture physique.

Michel de Montaigne (1533-1592), dans ses *Essais*, publiés en trois volumes de 1580 à 1588, indique nettement que l'éducation physique de l'homme ne doit pas être séparée de son éducation intellectuelle : « il n'en fault pas faire à deux ; et comme dict Platon, il ne fault pas les dresser l'un sans l'autre, mais les conduire également, comme un couple de chevaulx attelez à mesme timon ».

En Allemagne et en Suisse, plusieurs philosophes et réformateurs reconnaissent la valeur des exercices corporels ; il convient de citer parmi ceux-ci Joachim Camararius (1500-1574), qui consacre à la gymnastique un chapitre entier, « Dialogus de gymnasiis », dans son livre *Precepta morum ac vitæ* (1544).

Même le grand réformateur allemand Martin Luther (1483-1546) citait en exemple dans ses discours l'éducation corporelle des vieux Grecs, réclamait un retour à celle-ci pour lutter contre le laisser-aller de son temps.

Le réformateur suisse Ulrich Zwingli (1484-1531) nous dit dans son *Lehrbüchlein* (première édition parue en latin à Bâle en 1523) : « le corps doit être exercé et rendu souple par la course, le saut, le jet de pierre, la lutte et l'escrime..... Peu de gens savent nager ; pourtant combien est-il sain pour le corps de nager tel un poisson ».

Malgré ces multiples réclamations, même de la

part des réformateurs, l'éducation physique n'entre pas dans les programmes scolaires ; GEORGES ROL-LENHAGEN (1542-1609), recteur des écoles de Magde-bourg, tenta son introduction dans les établissements qu'il dirigeait. La guerre de Trente-Ans (1618 à 1648) fit oublier les efforts faits pour l'introduction de la gymnastique chez la jeunesse ; néanmoins JOHANN AMOS COMENIUS (1592-1670) publia durant cette période un volume *Orbis pictus*, dans lequel il ne recommande pas seulement les exercices corporels, mais dans lequel il donne également une description des jeux d'enfants pouvant être exécutés par les classes scolaires.

CHAPITRE III

Temps modernes.

(Du XVIIme siècle à l'époque actuelle.)

Le XVIIme siècle fut une période morte pour l'éducation physique qui, à part l'escrime, qui est l'exercice favori, et les jeux de paume, qui sont encore en honneur, semble ignorée en France; Louis XIV d'ailleurs n'aimait pas les exercices sportifs.

Un philosophe anglais, LOCKE, reprit et développa néanmoins à cette époque les idées de MONTAIGNE et admit cette maxime : « Un corps bien portant est habité par une âme bien portante, c'est pourquoi occupe-toi avant et par dessus tout d'une éducation corporelle conforme aux lois de la raison et ne songe qu'ensuite à la perfection de l'esprit [1]. »

L'indifférence sportive que l'on remarque durant le XVIIme siècle se prolonge jusqu'au milieu du

[1] JUNOD ET SENGLET, *Gymnastique populaire raisonnée.* Paris et Neuchâtel, 1873, p. 45.

siècle suivant, époque à partir de laquelle bon
nombre de savants, médecins et philosophes, tant
français qu'allemands, indiquèrent tour à tour les
avantages du mouvement appliqué à l'éducation
scolaire ou comme agent thérapeutique ; « mais si
les écrits n'ont pas manqué, on ne voit pas de système nettement formulé et présentant un corps de
doctrine avant l'apparition des trois chefs d'école
AMOROS, JAHN et LING [1] ».

De tous les précurseurs de ces trois chefs d'école,
comme de tous leurs élèves d'ailleurs aussi, nous
ne voulons ici citer que les principaux ; les per-
sonnes qui voudraient en avoir une liste détaillée
voudront bien consulter l'intéressant volume du
professeur G. DEMENY, *L'Ecole française* [2], et les volumes des docteurs ANGERSTEIN [3] et COTTA [4] pour
les auteurs allemands.

Nous croyons, pour rendre plus nette notre description, devoir citer ici les auteurs et gymnastes
par ordre chronologique et par école ; nous com-
mencerons par les précurseurs d'Amoros, le chef
de l'école française.

En 1723, NICOLAS ANDRY DE BOISREGARD (1658-
1742), médecin et doyen de la Faculté de médecine

[1] G. DEMENY, *L'Ecole française*. Paris, 1900, p. 10.

[2] Idem, p. 23 à 30.

[3] ANGERSTEIN-KURTH, *Geschichte der Leibesübungen in den
Grundzügen*. Vienne et Leipzig, 1908, p. 46 et suivantes.

[4] C. COTTA, *Leitfaden für den Unterricht in der Turnge-
schichte*. Leipzig, 1915, 5me édition.

de Paris, publia un intéressant ouvrage, *L'exercice modéré est-il le meilleur moyen de conserver la santé?* En 1741, en un deuxième traité, *L'orthopédie ou l'art de prévenir et de corriger dans les enfants les difformités du corps*, le même auteur nous donne une description des principales déformations que peuvent présenter les différents organes, tout en indiquant des conseils très justes et dignes d'être observés pour les corriger : « On ne doit point souffrir que les jeunes filles cousent ou lisent autrement qu'en posture droite, il faut qu'elles portent leur ouvrage ou leur livre à leurs yeux et non leurs yeux à leur ouvrage et à leur livre, sans quoi leur taille se voûte infailliblement..... Pour empêcher les épaules de rondir, il faut avoir soin de porter les coudes bien en arrière et de les poser sur les hanches et d'avancer la poitrine... »

TRONCHIN (1706-1781), dans la seconde moitié du XVIIIme siècle, dut sa célébrité aux nombreuses cures médicales accomplies par la gymnastique et le massage : « dans bien des cas, prétendait-il, une bonne médecine n'est pas tant l'art de faire des remèdes que celui de s'en passer. »

En 1780, TISSOT, chirurgien-major du 4me chevau-léger, publia un traité portant le titre de *Gymnastique médicale et chirurgicale ou Essai sur l'utilité des mouvements ou des différents exercices du corps et du repos dans la cure des malades*, traité dans lequel il place d'emblée la gymnastique dans les sciences médicales : « C'est la partie de la méde-

cine qui enseigne la manière de conserver ou de
rétablir la santé par l'usage de l'exercice. » Tissot
préconisa pour la première fois, dans son volume,
la mobilisation des entorses, fractures et arthrites :
« Dans les maladies arthritiques et rhumatismales,
dans les luxations où les malades abusent trop
longtemps du repos, le mouvement est bien important pour prévenir la rigidité des ligaments et par
suite l'ankylose. Même dans les cas de fracture, le
mouvement dirigé avec intelligence peut la prévenir. Les onguents, les topiques et autres remèdes de
charlatans ne peuvent remplacer l'usage des frictions, fomentations, bains et surtout des douches...

» Les exercices des articulations des bras et de
l'épaule, des doigts et de la main font disparaître
le rhumatisme et rétablissent l'agilité...

» Il est important de savoir que souvent il n'y a
qu'un seul exercice du corps capable de reformer
une difformité... »

Le volume de Tissot eut un grand succès et
fut traduit en plusieurs langues.

Une véritable renaissance sportive eut lieu à la
fin du XVIIIme siècle sous l'influence des encyclo-
pédistes et particulièrement de J.-J. Rousseau
(1712-1778) qui, dans son *Emile*, préconisa le retour
à la nature et le parallélisme de l'éducation corporelle avec l'éducation de l'esprit : « Voulez-vous cul-
tiver votre intelligence ? Cultivez les forces qu'elle
doit gouverner, exercez continuellement votre
corps ; rendez-le robuste et sain pour le rendre

sage et raisonnable ; qu'il agisse, qu'il coure, qu'il vive, qu'il soit toujours en mouvement, qu'il soit homme par la vigueur et il le sera bientôt par la raison. » Les idées nouvelles et originales exprimées par J.-J. ROUSSEAU apportèrent une grande réforme dans l'éducation des enfants et contribuèrent beaucoup au développement des exercices corporels ; les principes contenus dans l'*Emile* se répandirent et inspirèrent les fondateurs de l'école allemande, entre autres BASEDOW et JAHN.

En Suisse romande, PESTALOZZI (1746-1827) doit également être cité comme un grand apôtre de l'éducation naturelle ; il créa un gymnase à Yverdon, où il introduisit la gymnastique dans le programme éducatif de la jeunesse.

Les exercices physiques devinrent, dès le début du XIXme siècle, plus populaires ; c'est dès cette époque que commença à se généraliser l'enseignement de la gymnastique.

En 1803, AMAR DURIVIER et L.-F. JAUFFRET publièrent un très intéressant ouvrage, sorte de traduction d'un volume de GUTHS-MUTHS, intitulé : *La gymnastique de la jeunesse ou traité élémentaire des jeux d'exercice considérés sous le rapport de leur utilité physique et morale*. Ces deux auteurs, qui, « pour l'utilité générale, ont réuni leurs veilles particulières » pour publier leur volume par ensemble, cherchèrent à persuader leurs compatriotes de l'utilité des exercices physiques et à donner « aux Français les moyens de réunir aux grâces de l'esprit et à l'élégance des formes la mâle vigueur qui caractérise l'homme de la nature ».

Mais ce fut HENRI CLIAS (1782-1854), un officier suisse, chef d'artillerie légère, originaire de Berne, qui fut le premier à faire vraiment revivre en France et à y populariser la gymnastique. Il introduisit, en 1814, l'enseignement de la gymnastique dans les classes primaires et secondaires des deux sexes de la ville de Berne ; il fonda, dans cette ville, en 1816, une palestre complète ; la même année, il publia son premier traité, *La gymnastique élémentaire*, qui lui valut successivement l'honneur d'être appelé à Londres et à Paris pour l'enseignement de la gymnastique dans les écoles. Il fut le premier à faire reconnaître officiellement l'enseignement de la gymnastique dans les programmes scolaires.

En 1819, il publia en français son ouvrage considérablement développé. Le gouvernement anglais le rappela en Angleterre en 1821 et le nomma capitaine des exercices gymnastiques pour le militaire et pour la marine, fonction qu'il conserva jusqu'en 1827, époque où il rentra en Suisse pour y écrire et publier (1829) les *Exercices pour la beauté et la force des jeunes filles*.

Il retourna en France en 1841, introduisit d'une façon toute désintéressée sa méthode à l'Ecole normale et dans diverses institutions de la ville de Besançon et publia, pendant son séjour dans cette ville, deux volumes d'éducation physique, l'un intitulé *Somascétique naturelle*, et l'autre *Callisthénie appropriée à l'éducation physique des jeunes filles.*

Il revint à Paris en 1843, où il fut nommé l'année suivante inspecteur général de l'enseignement de la gymnastique dans les écoles primaires. En 1846, il reçut le prix Monthyon, que l'Académie royale de médecine et l'Académie des sciences lui décernèrent pour ses différents travaux.

CHARLES LONDE, dans sa *Gymnastique médicale*, qui parut en 1821, étudia l'effet des mouvements sur l'organisme humain et préconisa l'application de l'exercice à l'homme d'après les lois de la physiologie, de l'hygiène et de la thérapeutique : « Dans l'action des organes soumis à l'empire de la volonté, il faut comprendre l'exercice du cerveau et diviser les exercices en *actifs*, *passifs* et *mixtes*. L'*exercice modéré* est utile, l'*exercice violent* est dangereux et épuisant, tout est relatif à l'état de l'individu... » LONDE enseigna, non seulement théoriquement, mais aussi pratiquement, la culture physique.

Peu de temps après l'arrivée de CLIAS à Paris, en 1816, vint également dans cette ville DON FRANCISCO AMOROS ET ONDEANO (1770-1848), colonel espagnol, qui, après s'être fait naturaliser Français, introduisit en France vers 1820 une nouvelle méthode de gymnastique, fortement inspirée des principes de PESTALOZZI et des publications de ROUSSEAU et DE LA HARPE, méthode qui prévalut sur celle de CLIAS, qu'il sut devancer auprès du

4

gouvernement français, lequel lui alloua l'appui
nécessaire à la fondation du « Gymnase normal et
militaire de Grenelle ». AMOROS enseigna sa méthode dite aussi « amorosienne » et qui est la base
de la gymnastique française actuelle, dans son établissement de la rue Grenelle jusqu'en 1837 ; il y
fit venir comme collaborateurs trois maîtres de
gymnastique suisses : un nommé WEILENMANN, de
Zurich, et COMTE et JUNOD, d'Yverdon, élèves de
PESTALOZZI.

Dès 1837, AMOROS dirigea jusqu'à sa mort plusieurs autres gymnases publics et particuliers, dont
il fut aussi le créateur.

AMOROS publia un grand nombre de mémoires,
pétitions, discours et fit paraître en 1830, en deux
volumes et un atlas, son *Traité ou manuel de gymnastique et morale*, qui obtint le prix de l'Institut et
fut adopté pour l'enseignement scolaire par le Conseil supérieur de l'Instruction publique. AMOROS,
dans son ouvrage, « a largement compilé les descriptions et copié les dessins de CLIAS[1] ».

Dans un mémoire lu en 1815 à la Société pour
l'instruction élémentaire de Paris, AMOROS fit un
exposé complet de ce que doit être l'éducation :
« La devise pour réformer l'éducation et pour combattre avec succès l'ignorance, les préjugés et les
passions dangereuses, doit être volonté, persévé-
rance..... Toute étude déplaît par elle-même aux

[1] E. DALLY, *Dictionnaire encyclopédique des sciences médicales*, cité d'après G. DEMENY, ouvrage cité, p. 31.

enfants, si l'on n'y joint au moins un attrait... »
Nous trouvons, dans l'avant-propos de son *Manuel
de gymnastique et morale*, la définition suivante de
la gymnastique : « La gymnastique est la science
raisonnée de nos mouvements, de leurs rapports
avec nos sens, notre intelligence, nos sentiments,
nos mœurs et le développement de toutes nos
facultés. »

La méthode amorosienne comprend une série de
dix-sept branches composées d'exercices très divers,
surtout utilitaires, qu'on peut, d'après sa propre
description, diviser en quatre gymnastiques spéciales :

« 1° La *gymnastique civile* et industrielle ;
» 2° la *gymnastique militaire*, terrestre et mari-
      time ;
» 3° la *gymnastique médicale ;*
» 4° la *gymnastique scénique* ou funambulique.

» Les deux premières se divisent encore en gymnastiques élémentaires et en gymnastiques com-
plètes et comprennent aussi une des parties de la
gymnastique médicale qui est l'hygiène.

» La troisième se divise en quatre parties :

» 1° *Gymnastique hygiénique ou prophylactique*
      pour conserver une santé robuste ;
» 2° *Gymnastique thérapeutique* pour le traite-
      ment des maladies ;
» 3° *Gymnastique analeptique* ou des convales-
      cents ;

» 4° *Gymnastique orthosomatique* pour la gué-
rison des difformités qui demandent des
soins plus compliqués, plus spéciaux.

» Quant à la quatrième division, la *gymnastique
scénique* ou *funambulique*, nous ne pouvons nous
en occuper puisque *notre méthode s'arrête où le
funambulisme commence* et celui-ci commence où
*l'utilité d'un exercice cesse, où le noble but de la
gymnastique, qui est de faire du bien, est sacrifié
au frivole plaisir d'amuser et de faire des tours de
force* [1]. »

Amoros introduisit également dans sa méthode
des exercices respiratoires, qui comprenaient surtout des chants rythmés avec l'exercice, si bien
qu'on peut dire que les mouvements élémentaires
(sans appareils) avec chants constituaient la base
de sa gymnastique ; quant aux exercices de force
et d'agrès, dont on accuse à tort l'excès dans la
méthode amorosienne, ils étaient plutôt accessoires
et secondaires ; ce n'est que plus tard, lorsque la
gymnastique d'Amoros fut adoptée et pratiquée
par les sociétés de gymnastique françaises, qu'elle
se transforma petit à petit et devint avant tout une
gymnastique d'agrès.

« Amoros fut un homme persévérant, courageux ;
souvent il eut des luttes sérieuses à soutenir contre
de puissantes autorités opposées à son système, et

[1] G. Demeny, ouvrage cité, p. 93.

toujours il en est sorti vainqueur, jusqu'au moment de sa chute définitive[1]. »

Comme élèves et successeurs d'AMOROS, nous devons surtout citer TRIAT et NAPOLÉON LAISNÉ.

L'athlète TRIAT, un ancien hercule forain originaire de Nimes, vint en 1847, une année avant la mort d'AMOROS, se fixer à Paris où il enseigne dès lors la culture physique au gymnase de l'avenue Montaigne, puis dans celui qu'il créa lui-même à la rue du Bouloi. TRIAT, qui était doué d'une force herculéenne, avait une idée tout à fait particulière de l'éducation physique, par laquelle il ne cherchait, tout en utilisant un nombre énorme d'appareils de toutes sortes et en rythmant son commandement au son du tambour, qu'à provoquer une abondante transpiration chez ses élèves. Illettré, TRIAT n'a laissé aucun ouvrage personnel, à part un projet d'académie de tous les sports, qu'il aurait voulu édifier dans l'île de Billancourt.

Le principal élève d'AMOROS fut NAPOLÉON LAISNÉ, qui fut nommé par son maître, en 1835, sous-inspecteur des travaux et exercices au gymnase de Grenelle, fonction qu'il conserva jusqu'en 1837, époque de la suppression du gymnase d'AMOROS.

En 1843, NAPOLÉON LAISNÉ fut chargé d'établir avec le colonel d'ARGY une école normale de gymnastique militaire à Fontainebleau ; par ordre

---

[1] JUNOD ET SENGLET, ouvrage cité, p. 56.

gouvernemental, les travaux de celle-ci furent abandonnés peu après leur début. Plus tard, en 1852, LAISNÉ et le colonel d'ARGY furent à nouveau chargés de créer une école de gymnastique près de Vincennes ; cet établissement, où LAISNÉ professa durant quatre ans, devint plus tard l'Ecole normale de gymnastique de Joinville-le-Pont. LAISNÉ fut nommé en 1872 inspecteur de la gymnastique dans les écoles municipales et communales de la ville de Paris ; il prit sa retraite en 1892. Deux volumes nous ont été laissés par N. LAISNÉ, un *Dictionnaire de gymnastique* et sa *Gymnastique pratique*, dans lesquels on reconnaît les principes de son maître AMOROS.

Comme collaborateur de TRIAT, nous trouvons M. DAILLY, qui, en 1857 et en 1861, fit paraître deux traités sur la *Cinésiologie ou Science du mouvement dans ses rapports avec l'éducation, l'hygiène et la thérapie* et sur la *Cinésie ou l'Art du mouvement curatif dans ses rapports avec les mouvements naturels de l'organisme humain.*

Le Dr E. DAILLY, fils du précédent et élève de TRIAT, laissa aussi un grand nombre de publications sur la physiologie des exercices et chercha à vulgariser en France les exercices respiratoires.

E. PAZ, également élève de TRIAT, construisit à la rue des Martyrs un gymnase sur les données de son maître et contribua beaucoup à la vulgarisation de la gymnastique, spécialement par ses écrits : *Franches causeries* et *La gymnastique raisonnée.*

Tels sont, jusqu'à notre époque contemporaine, les principaux propagateurs de la gymnastique qui formèrent l'école française.

Une évolution identique et parallèle eut lieu en Allemagne durant la même période. Mais avant d'entreprendre la description de cette évolution, il est de notre devoir de citer la publication que fit en 1740, à Londres, FRANCISCE FULLER et intitulée *La médecine gymnastique*, dont s'inspirèrent les fondateurs tant de l'école française que de l'école allemande.

Les idées de ROUSSEAU, PESTALOZZI ainsi que celles de TISSOT et FULLER se répandirent aussi en Allemagne et y trouvèrent des disciples. Parmi ceux-ci il convient avant tout de citer JEAN BERNARD BASEDOW (1723-1790), qui, ayant étudié la théologie à Leipzig, fut appelé en 1753 comme professeur à l'académie de noblesse (Ritterakademie) de Seröe, en Danemark, où il enseigna jusqu'en 1761, puis à Altona, où il enseigna pendant dix ans.

Il publia en 1758, c'est-à-dire quatre ans avant la publication de l'*Emile* de ROUSSEAU, sa *Philosophie pratique pour toutes les conditions*[1], où il exige les exercices corporels pour la jeunesse et cherche à introduire les exercices gymnastiques dans l'enseignement populaire. En 1770 parut son *Traité méthodique à l'usage des pères et mères de familles et*

---

[1] *Praktische Philosophie für alle Stände.*

des peuples [1], dans lequel il réclame une large part
d'exercices corporels dans l'éducation de la jeunesse, et en 1774, en quatre volumes, son *Traité
élémentaire* [2], qui fut traduit également en français
et en latin, dans lequel il cherche surtout à captiver
la curiosité des jeunes gens : « Tout enseignement,
disait-il, doit être facilité autant que possible à
l'enfant, toute contrainte et toute tyrannie doivent
être formellement exclues de l'éducation. »

BASEDOW fut appelé, en 1771, par le prince de
Dessau, après la publication de son *Traité méthodique*, à Dessau où il fonda le « Philantropinum »
dont il fut le premier directeur, et dans le programme scolaire duquel furent introduites journellement une à trois heures d'exercices physiques
comprenant surtout les anciens exercices de la
palestre et des jeux en plein air. La méthode de
BASEDOW obtint un grand succès en Allemagne ;
il eut de nombreux disciples et plusieurs imita-
teurs.

Dès 1777, BASEDOW abandonna totalement la
direction de l'établissement de Dessau et se retira
à Magdebourg, où il mourut en 1790.

Parmi les disciples de BASEDOW qui propagèrent
et perfectionnèrent son système et qui se rendirent
célèbres par ce fait, nous devons particulièrement
mentionner KAMPE, WOLKE et SALZMANN.

---

[1] *Methodenbuch für Väter und Mütter der Familien und
Völker.*

[2] *Elementarwerk zum Unterricht der Jugend.*

— 57 —

WOLKE dirigea pendant quelques années, après le départ de BASEDOW, le Philantropinum de Dessau.

KAMPE (1746-1818), après avoir fonctionné jusqu'en 1773 comme aumônier d'un régiment prussien à Potsdam, vint également à Dessau pour se vouer entièrement à l'éducation de la jeunesse; il dirigea aussi pendant quelques années l'établissement de Dessau, puis il alla fonder une institution pareille à Hambourg.

CHRISTIAN-GOTTHILF SALZMANN (1744-1811), créa en 1784, après avoir enseigné pendant plusieurs années la théologie au Philantropinum de Dessau, le célèbre établissement d'éducation de Schneepfenthal, près de Gotha. Il dirigea d'abord lui-même pendant deux ans les leçons de gymnastique de cette institution, qui avaient pour tous les élèves journellement lieu pendant une heure de temps avant le repas de midi.

JEAN-CRISTOPHE-FRÉDÉRIC GUTS-MUTHS (1759-1839) s'adonna, après avoir terminé ses études de théologie qu'il fit à Halle, totalement à l'instruction de la jeunesse. Il rejoignit SALZMANN à Schneepfenthal, où il enseigna les exercices physiques dès 1786.

GUTS-MUTHS publia deux principaux ouvrages sur l'éducation physique : un manuel de *Gymnastique pour la jeunesse*[1] et un traité sur les *Jeux comme base d'exercice et de récréation du corps et de*

[1] *Gymnastik für die Jugend*, 1793.

l'esprit[1], par lesquels il contribua à rendre la gymnastique scolaire méthodique ; il inventa un grand nombre d'appareils gymniques et fut le premier à faire ressortir, parmi les auteurs modernes, l'utilité de la gymnastique en vue de la défense de la patrie ; il créa, somme toute, un genre de gymnastique méthodique et pratique. Mentionnons encore la création par Guts-Muths des exercices préliminaires exécutés en collectivité, et d'autres exercices d'ensemble, première exécution de ce genre en gymnastique, ce qui fit faire un grand pas à l'enseignement de cette branche et donna une forme pratique à celui-ci. Son livre sur les jeux sert encore actuellement comme base d'enseignement de ceux-ci.

A la même époque que Guts-Muths vécut Gérard-Ulrich-Antoine Vieth (1763-1836), qui est également un homme de marque dans l'histoire de la gymnastique. Professeur de mathématiques à Dessau, il se forma aux écoles de Basedow et Guts-Muths. En 1799, il fut nommé directeur de cet établissement et fit faire comme tel de grands progrès à l'enseignement de la gymnastique. Vieth contribua autant que Guts-Muths au développement de la gymnastique ; il écrivit comme travail d'ensemble une *Encyclopédie des exercices physiques*[2], qui parut en trois parties, la première por-

---

[1] *Spiele zur Übung und Erholung des Körpers und Geistes*, 1796.

[2] *Versuch einer Enzyklopädie der Leibesübungen*.

tant le titre de *Contribution à l'histoire des exercices corporels*[1], la seconde celui de *Système d'exercices corporels*[2] et la troisième, simple complément des deux premières, parut en 1818 à Leipzig.

Dans la seconde partie de cette encyclopédie, nous trouvons une division des exercices en *actifs* et *passifs*. Dans les mouvements actifs, VIETH range les exercices des sens et ceux du corps ; ces derniers sont en outre divisés en deux sections : 1° les attitudes, les mouvements libres, la marche, la course, le grimper, le saut, la voltige, le patinage, la danse, etc. ; 2° le lever de fardeaux, la traction, les transports, le jet et lancer d'objets, le maniement des armes, la lutte, le pugilat, l'escrime et l'équitation. Dans les mouvements passifs étaient rangés les attitudes couchées, assises, le balancer, le transport par une autre personne, le bain, les frictions et massages, etc... Le système et la classification de VIETH, quoique jugés actuellement insuffisants, constituent au point de vue méthodique un réel progrès sur le système de GUTS-MUTHS et contribuèrent largement au développement de la culture physique.

Il est encore à citer deux propagateurs de la gymnastique qui vécurent à la même époque que GUTS-MUTHS et VIETH, dans le sud de l'Allemagne ; ce sont JEAN NEPOMUK FISCHER qui, en 1800, donna,

[1] *Beiträge zur Geschichte der Leibesübungen.* Berlin, 1794.
[2] *System der Leibesübungen.* Berlin, 1795.

malheureusement sans succès, un « projet de retour
à une gymnastique identique à celle des anciens
Romains et Grecs », et CHARLES ROUX, qui fonda
en 1806, à Erlangen, un institut de gymnastique
annexé à l'Université de cette ville, première institution de ce genre qui contribua d'ailleurs beaucoup à la propagation des exercices physiques en
Bavière.

Mais l'homme qui, en Allemagne, fit faire le plus
de progrès à la gymnastique, en rendant celle-ci
populaire, en faisant surtout appel à la passion du
peuple allemand, fut FRÉDÉRIC-LOUIS JAHN (1778-
1852), reconnu à juste titre comme le chef de l'école
allemande et surnommé dans son pays « der Turnvater ». Né en 1778 à Lanz, en Poméranie, où son
père était prédicateur, il fréquenta successivement
les gymnases de Salzwedel, Berlin (zum grauen
Kloster) et l'Université de Halle où il étudia, contre
son goût, la théologie. Il se montra ensuite tour à
tour théologien, précepteur, professeur, écrivain
politique, philologue, soldat et tribun luttant pour
la délivrance de sa patrie du joug français. Mais
de toute cette activité et de toutes ces différentes
aptitudes, la principale occupation et ce qui caractérise le plus la vie de JAHN fut la gymnastique,
à laquelle il donna un sentiment national et patriotique. C'est en grande partie grâce à l'élan donné
par JAHN que l'Allemagne prospéra, devint forte
comme race, toute la jeunesse s'adonnant depuis
cette époque à la gymnastique, et montra sa supé-

riorité d'entraînement militaire dans les guerres de 1866 et 1870 et même dans le début de la guerre actuelle (guerre européenne 1914-1916).

JAHN, outre plusieurs publications patriotiques, publia en collaboration de son élève ERNEST EISE-LEN, son célèbre ouvrage sur la *Gymnastique allemande*[1], dont il posa somme toute les assises et en formula nettement les éléments constitutifs.

Il sacrifia la gymnastique pédagogique à la gymnastique militaire, car il n'envisageait cette science que sous le rapport des services qu'elle pouvait rendre à sa patrie ; il créa en 1811 un emplacement public de gymnastique en plein air à la Hasenheide, enthousiasma les jeunes gens pour la gymnastique, leur inspira un courage bouillant, une hardiesse vraiment étonnante, une réelle passion pour les exercices physiques. Il inventa des appareils, entre autres la barre fixe ou reck et les barres parallèles, qui subsistent encore et sont appréciés de tous les gymnastes. Ses exercices plutôt hardis et empreints de l'énergie qui le caractérisait passionnèrent ses élèves qui organisèrent des fêtes gymniques à la Hasenheide, auxquelles prirent part plus de 2000 jeunes gens de 18 à 20 ans.

Le système de JAHN, qui consiste principalement en une gymnastique d'agrès destinée surtout à former rapidement des bons soldats, fut naturellement combattu par les médecins et pédagogues

[1] *Deutsche Turnkunst.* Berlin, 1816.

de cette époque, qui auraient voulu un développement rationnel de tous les membres et organes et firent une campagne acharnée contre l'œuvre de JAHN ; cette campagne prit aussi une tournure politique, JAHN et ses élèves manifestant ouvertement leur mécontentement contre le régime de l'époque et prêchant la réunion des États allemands. Le gouvernement prussien même s'en émut et à la suite des désordres politiques qui marquèrent la fête d'Eisenach (1817) et du meurtre de von Kotzebue, conseiller d'État à Mannheim, par le gymnaste Sand (1819) ; il intervint en abolissant les emplacements publics de gymnastique, qui restèrent fermés jusqu'en 1842, et en emprisonnant JAHN et ses partisans. JAHN fut alors condamné à deux ans d'arrêts de forteresse ; plus tard, en 1825, il fut, à la suite d'une publication politique, de nouveau puni de six semaines d'emprisonnement de forteresse. En 1838, l'activité patriotique de JAHN fut reconnue par Frédéric-Guillaume IV, qui lui décerna alors la « croix de fer » et le réhabilita.

JAHN eut encore le plaisir d'assister à la réouverture des emplacements publics de gymnastique, en 1842, et mourut en 1852 après quelques années de vie tranquille. Les générations allemandes suivantes lui ont témoigné leur gratitude en élevant au « Turnvater » des centaines de monuments un peu partout en Allemagne.

. Le système de JAHN, qu'ont conservé les sociétés de gymnastique d'Allemagne, est un système d'application aux agrès, peu naturel et surtout pas en rapport avec la scolarité et le développement de la jeunesse ; c'est un procédé plutôt empirique, même grossier et brutal, qui ne visait que l'adresse et l'habileté ainsi que la fatigue des élèves. Ce n'était uniquement que lorsque ceux-ci éprouvaient de la douleur que Jahn et ses collaborateurs avaient la conviction d'avoir atteint leur but : « Les douleurs de demain chasseront celles d'aujourd'hui », disait-il lui-même. Quant aux exercices libres recommandés par Pestalozzi et Guts-Muths, Jahn les dédaigna totalement et se bornait, lorsqu'on lui en parlait, de hausser les épaules.

Les principaux collaborateurs et élèves de Jahn furent Friesen, Eiselen, Dürre, Massmann, Euler, et von Klumpp.

Ernest Eiselen (1793-1846) fut le premier élève et le principal collaborateur de Jahn, qu'il remplaça fréquemment comme directeur à la « Hasenheide ». Eiselen ne s'est jamais occupé, comme son maître, de questions politiques et militaires, aussi lui fut-il autorisé par le gouvernement prussien de continuer à donner des leçons privées de gymnastique, voltige et escrime, alors que tous les emplacements de gymnastique étaient fermés.

Toute la partie technique de la *Gymnastique allemande* de Jahn est due à la plume de Eiselen ; c'est ce dernier encore qui en publia, en 1847, une seconde édition très perfectionnée et augmentée ; il mit ainsi de l'ordre et de la méthode dans le système de JAHN. Il publia encore, en 1837, ses *Tableaux de gymnastiques*[1], sorte de volume pour maîtres de gymnastique, dans lequel les exercices sont classés d'après leur difficulté en trois à cinq degrés.

Tandis que EISELEN dirigeait l'établissement de la Hasenheide, FRÉDÉRIC FRIESEN (1785-1814), également élève et collaborateur de JAHN, suivit son maître à la guerre et tomba, à l'âge de 19 ans, en combattant pour la liberté de sa patrie. JAHN, dans son introduction à la *Gymnastique allemande*, nous donne une touchante description de l'activité et de la mort de FRIESEN.

HANS-FERDINAND MASSMANN (1797-1874) est l'introducteur de la gymnastique à Munich. Après avoir suivi les cours de JAHN et accompagné son maître à la guerre, MASSMANN prit en 1818 la direction de la place d'exercice de Breslau, qu'il dut abandonner par suite du décret de fermeture des emplacements de gymnastique. En 1827 il fut appelé à Munich, où il dirigea pendant sept années un institut de gymnastique et où il fut nommé, en 1835, professeur ordinaire à l'Université. Il fut appelé en 1843 à Berlin, où il créa, en 1848, « l'institut central de maîtres de gymnastique[2] ». MASSMANN nous donna pendant son séjour à Munich deux publications sur la gymnastique : *Les exercices cor-*

[1] *Die Turntafeln*, 1837.
[2] Zentral-Bildungs-Anstalt für Turnlehrer, fondé à Berlin en 1848.

porels de la gymnastique militaire[1] et *L'institut de gymnastique de Munich*[2]. Il chercha toujours, dans ses publications et dans son enseignement, à séparer la gymnastique scolaire de la gymnastique populaire et de société.

CHRISTIAN EDOUARD DÜRRE (1796-1879) publia de nombreux manuscrits sur la gymnastique et des notes biographiques très détaillées sur JAHN[3], MASSMANN et EISELEN[4].

CHARLES EULER (1809-1885) publia à Danzig son *Art allemand de la gymnastique*[5], dans lequel il demande l'introduction de la gymnastique dans toutes les écoles.

Le professeur Dr VON KLUMPP (1790-1868), de Stuttgart, contribua également à la propagation de la gymnastique en dirigeant pendant plusieurs années un établissement de gymnastique et en faisant paraître diverses publications sur la culture physique[6].

Nous devons encore citer ici deux hommes qui, par leurs travaux, contribuèrent au développement de la gymnastique, ce sont le professeur ADOLPHE

---

[1] *Leibesübungen zur Militärgymnastik*. Landshut, 1830.

[2] *Die öffentliche Turnanstalt in München*. Munich, 1838.

[3] Dans le *Turner*, 1852.

[4] *Anmerkungen zu Eiselens Tagebuch*, 1874.

[5] *Deutsche Turnkunst*. Danzig, 1840.

[6] VON KLUMPP, *Das Turnen, ein deutschnationales Entwicklungsmoment*. Stuttgart, 1842. — *Über die physische Erziehung des weibl. Geschl.* Stuttgart, 1867.

WERNER [1] (1794-1866) et le docteur CHARLES KOCH [2] (1802-1871).

La première gymnastique scolaire créée par GUTS-MUTHS et la gymnastique de société de JAHN étaient surtout constituées par des tours de force, des exercices à formes compliquées aux engins et par des applications artistiques que seuls des hommes formés pouvaient exécuter ; cette gymnastique devint populaire, de multiples sociétés de gymnastique — nous reviendrons sur celles-ci — se créèrent en Allemagne. Mais, comme nous venons de le dire, les exercices préconisés par GUTS-MUTHS et JAHN ne pouvaient, par suite de leur difficulté et du manque de naturel, être appliqués à la jeunesse scolaire ; une réforme du programme des exercices physiques scolaires était nécessaire ; ce fut ADOLPHE SPIESS (1810-1842) qui accomplit celle-ci.

SPIESS, après avoir fait ses études en Allemagne, où il prit connaissance des principes de GUTS-MUTHS et JAHN, fut nommé, en 1833, maître d'histoire, chant et gymnastique à Berthoud, dans le canton de Berne. En 1844, il fut appelé à Bâle comme professeur de gymnastique des écoles su-

[1] ADOLPHE WERNER, *Die zwölf Lebensfragen*. Dresden, 1836. — *Das Ganze der Gymnastik*. Meissen, 1833. — *Gymnastik für die weibliche Jugend*. Meissen, 1834. — *Gymnastik für die Volkschulen*. Dresden, 1840. — *Militär-Gymnastik*. Dresden, 1844. — *Medizinische-Gymnastik*. Dresden, 1838.

[2] CHARLES KOCH, *Die Gymnastik aus dem Gesichtspunkte der Diätetik und Psychologie*, nebst einer Nachricht von der gymnastischen Anstalt zu Magdeburg. Magdeburg, 1830.

périeures. Il publia alors deux manuels[1] importants dans lesquels, pour la première fois, est donné un programme rationnel d'exercices physiques pour les écoles.

Spiess a eu le grand mérite d'introduire des exercices gradués d'une façon systématique, de s'opposer aux exercices violents et à tout ce qui était contraire au développement normal de l'organisme. Grand partisan de l'ordre et de la discipline, il accorda sa préférence aux exercices qui pouvaient s'exécuter simultanément par un grand nombre d'élèves ; cette préférence le conduisit à employer surtout les exercices d'ordre et les exercices libres sans engins, qui constituent les éléments de toute gymnastique scolaire : « Les exercices d'ordre, disait-il avec raison, ont non seulement l'avantage de pouvoir exercer tous les élèves en même temps, mais les marches, contre-marches, les figures combinées développent aussi l'intelligence et exercent une grande influence sur l'ordre et la discipline ; ils apprennent aux enfants à se soumettre à un grand tout, où chacun est sensé représenter un rouage d'une grande machine que l'arrêt ou la faute d'un seul ferait arrêter ou mettrait en déroute. Il faut donc que la vue et l'ouïe soient constamment tenues en éveil, que la réflexion soit prompte, l'attention constante et que chaque élève soit toujours prêt à se soumettre à celui qui le dirige. »

[1] A. Spiess, *Lehre der Turnkunst.* Basel, 1840-1846. — *Turnbuch für Schulen.* Basel, 1847.

Spiess attachait une grande importance à l'élégance des mouvements et à la grâce dans la démarche ; il préconisa aussi beaucoup les jeux et parvint ainsi à créer un ensemble d'exercices parfaitement appropriés aux enfants des deux sexes ; Spiess a décrit seize engins de suspension et dix-huit d'appui ; notons que c'est lui qui inventa les longues barres parallèles, la poutre d'appui avec quatre paires d'arçons, la double échelle horizontale, la douzaine de perches à grimper, etc., agrès qu'il utilisa dans le but de mettre en mouvement simultanément le plus grand nombre d'élèves ; c'est le principe de ses leçons, la classe entière constituant l'unité de leçon. Il réclama, comme tous les gymnastes-pédagogues, l'introduction des cours de gymnastique pour les deux sexes pendant les heures d'école.

Spiess ne chercha pas seulement par la gymnastique le développement corporel de ses élèves, mais aussi l'éducation du rythme ; il faisait en général accompagner tous les exercices par du chant.

La méthode de Spiess se répandit rapidement, tant en Allemagne qu'en Suisse ; il fut appelé en 1848 à Darmstadt, où il enseigna jusqu'en 1855, époque où il dut, par suite d'une maladie de poumons, se retirer de l'enseignement. Spiess contribua puissamment à la propagation de la gymnastique en la rendant accessible à tous les enfants ; on peut dire que c'est lui qui fonda la gymnastique scolaire allemande, dont la gymnastique populaire et de société devint la continuation naturelle. Ajoutons encore que Spiess attacha une très grande importance aux exercices corporels des jeunes filles.

Jahn, qui était incapable de comprendre les avantages de la méthode de Spiess, ne se montra pas partisan de son introduction dans les écoles d'Allemagne; mais la méthode de Spiess obtint l'approbation du corps médical et de tous les pédagogues, et constitue encore une des bases de l'enseignement de la gymnastique scolaire allemande actuelle. Celle-ci, sujet sur lequel nous reviendrons plus loin, a été modifiée par l'adoption de certaines idées de Ling.

Les pays scandinaves subirent également la même évolution que la France et l'Allemagne.

Le Danois Nachtegall (1777-1847), après avoir étudié en Allemagne, rentra dans son pays où il chercha à introduire la gymnastique; il y créa de nombreux gymnases, entre autres un pour femmes; en 1803, quatorze établissements créés par lui étaient fréquentés par 4000 jeunes gens; la même année, le gouvernement danois décrétait l'annexion obligatoire à chaque établissement scolaire communal d'un emplacement en plein air pouvant servir aux exercices de gymnastique.

Mais l'homme qui, également au début du XIXme siècle, attira le plus l'attention et l'admiration de ses concitoyens est le Suédois Pierre-Henri Ling (1776-1839), qui est le fondateur de la gymnastique

suédoise. Après avoir étudié la théologie à Upsala,
LING fit un séjour à Copenhague, où il suivit les
leçons de gymnastique de NACHTEGALL. Ayant
constaté personnellement les bienfaits de la gymnastique, LING, rentré dans son pays, cherche à y
introduire une gymnastique basée sur celle de
NACHTEGALL et ayant pour but « la perfection
physiologique et morale du citoyen » sans tenir
compte de l'esthétisme.

En 1805, LING est nommé professeur de mytho-
logie, d'histoire et d'escrime à l'Université de Lund;
il y continua, tout en professant, ses recherches
spéciales sur la gymnastique et étudia avec ardeur
l'anatomie, la physiologie et les analyses de mouvements, afin de se rendre compte de leurs effets
physiques et de leur influence psychologique.
Comme fruit de ces recherches, LING établit et
enseigna un système de gymnastique qui attira sur
lui l'attention du gouvernement suédois. Il fut
appelé en 1813 à Stockholm, où il fonda l'« institut
central de gymnastique » et plus tard, en 1827,
l'« institut de gymnastique orthopédique », établissements annexés à l'Université, où il enseigna son
système et forma de nombreux élèves.

LING lui-même n'a pas laissé de travail sur son
système; il n'a même pas solidement mis sur pied
sa doctrine; ce sont ses élèves qui, après sa mort,
exposèrent ses idées et développèrent sa méthode
d'une façon complète. Il convient avant tout de
citer LIEDEBECK et GEORGII, qui détaillèrent les

principes de LING dans leur *Traité sur les principes généraux de la gymnastique*. Comme autres élèves, nous citerons BRANTING, HARTELIUS, TORNGREEN, le docteur G. ZANDER qui, en 1857, créa la mécanothérapie qu'il propagea par d'excellentes publications, et le major THURE BRANDT, autre propagateur de la gymnastique suédoise, qui introduisit en 1861 la gymnastique médicale dans la gynécologie (kinésithérapie gynécologique).

LING chercha surtout à isoler l'action des différents groupes musculaires et créa ainsi un système qui touche beaucoup plus à la médecine qu'à l'éducation proprement dite. La gymnastique suédoise fut donc dès son apparition une méthode réglée et modérée dans ses applications, avec des mouvements lents, limités et systématisés. Elle poursuit à la fois trois buts : un pédagogique et éducatif, un militaire et un but médical ; elle se compose surtout de mouvements segmentaires simples (contractions de groupes musculaires) et de mouvements exécutés à trois principales sortes d'agrès : le banc, la bomme et l'espalier. La gymnastique suédoise se compose de trois genres de mouvements : 1º les *actifs*, qui sont ceux exécutés sous l'influence de la volonté du gymnaste ; 2º les *demi-actifs*, dans lesquels une personne ou un appareil opposent de la résistance à l'exécutant, et 3º les *passifs*, qui sont ceux qui n'exigent ni volonté, ni résistance de la part de l'exécutant, l'action entière venant du professeur.

Le système de gymnastique de LING se répandit
au-delà des frontières de la Suède ; il est encore
actuellement en honneur dans des institutions de
tous les pays ; dans d'autres, comme en Allemagne
par exemple, la gymnastique suédoise est actuellement partiellement enseignée par suite de son mélange avec les gymnastiques de JAHN et SPIESS.

Nous sommes donc, en résumé, dès le début du
XIXme siècle, en présence de trois grandes et principales écoles d'éducation physique : 1° l'école
française d'AMOROS et ses disciples ; 2° l'école
suédoise de LING et ses élèves ; 3° l'école allemande
fondée par JAHN et perfectionnée par SPIESS. L'école
française s'est fortement modifiée ces dernières
années — nous y reviendrons plus loin lors de la
description de l'époque contemporaine — ; quant
à l'école allemande, elle n'est somme toute restée
intacte que dans le programme des sociétés de
gymnastique d'Allemagne et d'Autriche, tandis que
dans le programme scolaire allemand fut introduit
partiellement le système de LING ; ce dernier est
resté intact et n'a subi aucune modification importante ces dernières années.

En résumé, durant tout le XIXme siècle la gymnastique et les sports n'ont pas cessé de suivre un
développement progressif dans la plupart des pays
de l'Europe ; partout furent créées des associations
sportives. La culture physique occupe actuellement
à nouveau une place de premier ordre.

En Allemagne, dès 1820, de nombreuses associations de gymnastique et sportives furent créées qui, par leur réunion, donnèrent lieu à la fondation de la plus forte association de gymnastique du monde.

En France, les romantiques et décadents ont quelque peu retardé pendant un certain temps la marche ascendante des exercices sportifs ; mais dès 1870 à 1880, cet état de langueur et de mélancolie exagérée, qui était de mode, disparut et de nombreuses associations sportives se créèrent.

La Suisse subit également la marche progressive des sports. Les anciens jeux nationaux helvétiques furent complétés par les exercices de CLIAS et SPIESS ainsi que par quelques exercices du système suédois.

En Angleterre et en Amérique, la libre pratique des sports prit pied et s'est énormément développée. Elle y occupe une telle place dans l'éducation de la jeunesse que la gymnastique proprement dite, surtout la gymnastique réglée, y est presque totalement délaissée et ne joue qu'un rôle minime dans le développement corporel. L'Amérique a néanmoins montré une supériorité incontestable de tous ses champions dans les manifestations internationales de ces dernières années, supériorité que l'on attribue à sa méthode toute spéciale d'entraînement.

CHAPITRE IV

Epoque contemporaine.

Nous avons surtout à citer, comme auteurs modernes s'occupant de la culture physique, les docteurs OERTEL, FRENKEL, LAGRANGE, P. DE CHAMP-TASSIN, TISSIÉ, F. HECKEL et F.-A. SCHMIDT, ainsi que E. VON SCHENKENDORFF, DEMENY, HÉBERT, DALCROZE, J.-P. MÜLLER, DESBONNET, M. DE COUBERTIN, etc. Beaucoup d'autres auteurs se sont occupés de la propagation de la gymnastique, particulièrement de la gymnastique scolaire, surtout en Allemagne et en Suisse; nous les citerons à part lors de l'examen des programme scolaires de chaque pays.

OERTEL, de Munich, s'est fait une réputation mondiale en traitant l'arythmie cardiaque, la dyspnée d'effort et surtout l'obésité par des exercices progressifs de marche en terrains accidentés.

H.-S. FRENKEL, un médecin d'origine suisse, a inventé la célèbre « thérapie par les exercices compensateurs », méthode de traitement des affections dans lesquelles la coordination musculaire des mouvements fait défaut (ataxie tabétique, chorée, etc.).

Dans de multiples publications, *La physiologie des exercices*, *Médication par l'exercice*, etc., F. LA- GRANGE fait exécuter un pas réel aux sports en les analysant physiologiquement et pathologique- ment d'après les connaissances scientifiques mo- dernes.

P. DE CHAMPTASSIN s'occupe également de l'édu- cation physique et défend particulièrement dans *La gymnastique scientifique*, *l'erreur de la méthode suédoise*, les gymnastiques françaises contre la suédoise, qu'on essaya d'introduire en France.

Un des plus grands partisans de l'introduction de la méthode suédoise en France fut le docteur TISSIÉ, qui fit plusieurs communications et publi- cations sur l'école de LING.

F. HECKEL, de Paris, ancien médecin-directeur de l'école d'athlètes de Reims, où il avait organisé tout un service médical de physiothérapie qui fut détruit en 1914 lors de l'invasion allemande, a établi, dans son volume *Culture physique et cures d'exercices* (myothérapie), paru en 1913, une régle- mentation des moyens d'exercices et de sports. Il y met en relief l'importance de la fonction muscu- laire dans la cure des maladies de la nutrition ; il associe la cure physique dosée à une diététique raisonnée pour chaque cas pathologique. HECKEL discute et contribue au progrès de la science de l'élevage humain, qu'il appelle « audrotechnie ». Ses recherches sont à la fois d'un très grand intérêt sportif et médical, surtout comme innovation de traitement des maladies de la nutrition.

D'autres médecins encore — leur nombre augmente toujours de plus en plus — se sont occupés ces dernières années de la culture physique et en ont vanté les bienfaits.

La vieille gymnastique française amorosienne a donné naissance à deux nouvelles méthodes de gymnastique : celle de DEMENY et celle de HÉBERT.

Dans plusieurs volumes, dont les principaux sont : *Bases de l'éducation physique, Mécanisme des mouvements, Evolution de l'éducation physique et l'Ecole française*[1], *Cours théorique et pratique d'éducation physique, Méthode positive d'éducation, Education et harmonie des mouvements*, etc., G. DEMENY a décrit ses recherches scientifiques, dont plusieurs avec collaboration du Professeur MAREY, le célèbre physiologiste et inventeur du cinématographe, sur l'éducation physique et nous y donne la description de ses principes. La méthode toute moderne de DEMENY, directeur actuel du Cours supérieur d'éducation physique à Paris, est très rationnelle et surtout solidement basée sur nos notions scientifiques modernes ; elle comprend des exercices de formation, des exercices d'application, des exercices respiratoires, des jeux et sports. La leçon

[1] Nous avons puisé de nombreux renseignements historiques dans ce volume.

proprement dite est divisée en sept groupes d'exercices : 1° Exercice d'ordre (marches) ; 2° Exercices
correctifs et d'assouplissement ; 3° Equilibre sur
poutre, suspensions et appuis (barre fixe, barres
parallèles, échelles, etc.), grimper; 4° Sautillements,
courses, danses ; 5° Suite des exercices correctifs
et d'assouplissement ; 6° Sauts et jeux ; 7° Exercices
respiratoires et marches lentes. DEMENY, tout en
ayant conservé les agrès dans leur totalité, a donné
une place plus large aux exercices d'assouplissement et a introduit les exercices respiratoires. En
outre, DEMENY est le créateur de la méthode dite
« des mouvements continus et arrondis », méthode
d'éducation physique destinée surtout au sexe
féminin et qui fut enseignée à l'Ecole normale
d'institutrices de la Seine.

Le lieutenant de vaisseau G. HÉBERT, directeur
de l'enseignement des exercices physiques dans la
marine française et ancien directeur sportif du
Collège d'athlètes de Reims, est le créateur et l'instigateur d'une nouvelle méthode nommée « méthode
naturelle » ou « gymnastique utilitaire », dans
laquelle on reconnaît les préceptes de DEMENY et
dont le principe est le développement physique
par la seule utilisation des moyens de locomotion,
de travail et de défense, moyens uniquement utilitaires, soit la marche, la course, le saut, le grimper,
le lever, le lancer, la défense naturelle par la boxe
et par la lutte et la natation. Tous ces exercices
sont pratiqués en plein air et le torse nu. G. HÉBERT

a décrit sa méthode et les résultats qu'il a obtenus dans plusieurs volumes : *Guide pratique d'éducation physique, L'éducation physique raisonnée, L'éducation physique ou l'entraînement complet par la méthode naturelle, Ma leçon-type d'entraînement complet et utilitaire, Le code de la Force*[1].

En Allemagne, le Dr F.-A. SCHMIDT, de Bonn (né en 1852), et E. VON SCHENKENDORFF, de Görlitz (1837-1915), ont ces dernières années contribué largement à la propagation de la gymnastique contemporaine, et ont fondé, il y a vingt-cinq ans, la *Ligue centrale pour les jeux populaires et jeux de la jeunesse*[2], qui constitua la base d'un grand mouvement pour la propagande des jeux et exercices populaires et trouva des adeptes dans tout l'empire allemand. Le Dr F.-A. SCHMIDT est aussi l'auteur de plusieurs publications importantes[3] qui traitent des exercices corporels au point de vue physiolo-

[1] Tous publiés à Paris, Vuibert, édit.

[2] *Zentralausschusses für Volks-u. Jugendspiele.* — Publications principales intéressant la propagande pour les jeux et exercices populaires en Allemagne : Dr KONRAD KOCH, *Die Erziehung zum Mute durch Turnen, Spiel und Sport. — Die geistige Seite der Leibesübungen.* Magdebourg, 1900. — H. RAYDT, *Spielnachmittage.* Leipzig, 1910. — *Zeitschrift des Zentralausschusses : « Körper und Geist », Zeitschrift für Turnen, Bewegungsspiel und verwandte Leibesübungen.* Leipzig.

[3] *Die Leibesübungen nach ihrem Körperlichen Übungswert.* Leipzig, 1893. — *Unser Körper.* Leipzig, 1899. — *Die Gymnastik an den Schwedischen Volkschulen.* Berlin, 1900. — *Körperpflege und Tuberkulose.* Leipzig, 1902. — *Schönheit und Gymnastik.* Leipzig, 1907.

gique, hygiénique et esthétique ; il contribua beaucoup à la propagation du système suédois en Allemagne en faisant ressortir la valeur de certains principes de LING.

JAQUES DALCROZE, Suisse d'origine, est le créateur d'une « gymnastique rythmique » totalement nouvelle, comprenant l'exécution de mouvements naturels et de danses au rythme de la musique. Cette méthode, qui ne s'adresse qu'à des musiciens et qui ne vise que l'esthétisme, ne semble pas pouvoir être adaptée à l'enseignement scolaire, particulièrement à celui des jeunes garçons.

J.-P. MÜLLER, ancien officier du génie de l'armée danoise, est l'auteur de *Mon système ou 15 minutes d'entraînement pour la santé*, volume qui eut un énorme succès dans les pays du nord de l'Europe. Il y est préconisé l'exécution d'une série de dix-huit exercices avec douche et friction cutanée en 15 minutes, pour favoriser spécialement : « la fonction de la peau, l'activité des poumons et la digestion ».

Le professeur DESBONNET, de Paris, est l'auteur d'un système de préparation aux sports par l'entraînement avec une paire d'haltères légers.

Ces deux dernières méthodes sont les systèmes de gymnastique de chambre les plus connus ; beaucoup d'autres ont été préconisés, leur citation nous mènerait ici trop loin.

En 1892, sous l'initiative du baron DE COUBERTIN, un comité international décida la réouverture des jeux olympiques, qui eurent lieu en 1896 à Athènes, en 1900 à Paris, en 1904 à St-Louis (Etats-Unis d'Amérique), en 1908 à Londres et en 1912 à Stockholm. Les prochains devaient avoir lieu à Berlin en 1916. Athènes organisa en 1906 une demi-olympiade. Ces jeux ont surtout pour but de permettre la récapitulation des progrès accomplis par les athlètes de chaque pays.

Ces dernières années, le mouvement sportif a pris dans l'univers entier, particulièrement en Europe, au Japon et dans le nord de l'Amérique, un essor encore nouveau. La majorité des parlements ont décrété la gymnastique branche obligatoire de l'enseignement dans toutes les écoles. Partout se sont créées des sociétés sportives régionales, qui par groupement de pays constituent les associations nationales ; c'est ainsi que tous les pays européens possèdent des associations nationales de gymnastique, d'athlétisme, de footbaal, course à pied, aviron, cyclisme, etc. La génération actuelle a compris que ce n'est que par l'éducation physique qu'on arrive à former des hommes normaux et vaillants, pouvant affronter sans crainte la lutte pour l'existence et pouvant être utiles à la société par leur volonté et leur résistance, tant morale que corporelle.

L'éducation physique est la meilleure école de la volonté, la meilleure préparation à la lutte pour l'existence et à la lutte pour la défense de la Patrie. La vaillance des soldats gymnastes et sportifs a été

mentionnée sur tous les fronts et dans toutes les
armées qui combattent actuellement (guerre européenne 1914-1916); ils constituent, à l'avis de tous
les officiers, les meilleurs éléments de toutes les
troupes.

DEUXIÈME PARTIE

Le développement de la Gymnastique scolaire

et de société dans les différents pays

Nous n'avons pu, dans la description générale de l'évolution de l'éducation physique, traiter d'une façon détaillée le développement de la gymnastique dans chaque pays. Nous n'avons fait que décrire en gros les principales écoles et méthodes préconisées. Une description plus détaillée concernant l'évolution et l'état actuel de l'éducation physique de chaque pays nous semble le complément indispensable de notre description générale.

Suisse.

La gymnastique suisse a de tout temps subi l'influence allemande et porte l'empreinte de Spiess ; ces dernières années pourtant, des exercices tirés du programme suédois ainsi que de nombreux exercices utilitaires ont été introduits, tant dans le programme des sociétés de gymnastique que dans le programme scolaire suisse.

La gymnastique scolaire suisse.

Le premier fondateur de la gymnastique scolaire suisse est PESTALOZZI qui, en 1804, introduisit dans son institut d'Yverdon l'enseignement d'exercices préliminaires élémentaires et des exercices cités dans les publications de GUTS-MUTHS. Plus tard, CLIAS enseigna la gymnastique pendant plusieurs années à Berne avant de se rendre en Angleterre et en France. De 1833-1848, SPIESS consacra toutes ses forces à l'introduction et la propagande de la gymnastique scolaire, qu'il enseigna successivement à Berthoud et à Bâle avant de rentrer dans sa patrie. Mais c'est aux élèves de SPIESS : MAUL (1828-1907), NIGGELER (1816-1887), ISELIN (1829-1882) et JENNY (1832-1887) que revient la paternité de fondation de la gymnastique scolaire suisse.

Des essais d'introduction de la gymnastique comme branche scolaire eurent lieu dans plusieurs cantons dès 1830, mais ce ne fut qu'en 1878 que, par une ordonnance fédérale, l'enseignement de la gymnastique fut décrété obligatoire et officiel dans toutes les écoles de garçons de la Suisse. Entre temps, c'est-à-dire en 1858, avait été fondée la Société suisse des maîtres de gymnastique. La Confédération helvétique organisa, de 1878 à 1890, des « écoles de recrues de maîtres[1] » qui avaient lieu à Lucerne et dans lesquelles les instituteurs et maîtres recevaient une instruction gymnastique spéciale comme préparation à l'enseignement de cette branche. Dès 1890, cette institution fut remplacée par les « cours fédéraux ou normaux de maîtres de gymnastique », qui se donnent chaque année dans différentes villes de la Suisse et où sont convoqués les aspirants-maîtres de gymnastique et les maîtres en fonction qui veulent se perfectionner dans leur programme d'enseignement ; cette institution des cours normaux remplace, plutôt d'une manière incomplète, les établissements spéciaux, écoles supérieures d'éducation physique ou écoles de maîtres de gymnastique, qu'ont créé la plupart des pays qui nous environnent.

Trois manuels fédéraux pour l'enseignement de la gymnastique ont été élaborés en 1876, 1896 et 1912 par la Société suisse des maîtres de gymnastique et approuvés par le Conseil fédéral.

L'enseignement de la gymnastique dans les écoles de filles, quoique encore non reconnu branche obligatoire dans tous les cantons, a fait ces dernières années d'énormes progrès ; un manuel spécial pour l'enseignement de la gymnastique dans les écoles de filles vient de paraître en allemand et en français. Comme propagateurs de la gymnastique

[1] Lehrerrekrutenschulen. La première eut lieu à Bâle.

féminine, à part JENNY[1], que j'ai déjà mentionné, nous devons citer : BOLLINGER, qui publia un intéressant et très apprécié volume de gymnastique scolaire[2] pour jeunes filles, qui fut traduit en français et complété par U. MATTHEY-GENTIL, de Neuchâtel, et qui servit très longtemps comme base d'enseignement, et E. HARTMANN, professeur de gymnastique aux écoles normales et supérieures de Lausanne, qui par deux traités[3] contribua fortement au perfectionnement de l'enseignement de l'éducation physique scolaire des jeunes filles.

Le programme scolaire suisse actuel est le plus rationnel qu'il existe. La gymnastique de SPIESS, qui en fut la base, a été successivement perfectionnée par l'introduction d'exercices tirés du système suédois et par l'adoption des principes de DEMENY. Les exercices utilitaires populaires et les jeux y ont également une large part. L'enseignement est partagé en trois degrés : le Ier, destiné aux garçons et fillettes de 7 à 9 ans, est surtout composé d'exercices de vélocité et de jeux destinés à satisfaire le « besoin de mouvement » des enfants de cet âge ; les IIme et IIIme degrés, destinés aux enfants de 10 à

[1] JENNY enseigna à l'école supérieure de jeunes filles de Bâle et est l'auteur d'un volume de gymnastique très connu, *Buch der Reigen.*
[2] *Handbuch für den Turnunterricht an Mädchenschulen,* 1890.
[3] E. HARTMANN, *Gymnastique féminine.* Lausanne, 1913. — *Guide pratique pour l'enseignement de la gymnastique dans les écoles de jeunes filles.* Lausanne, 1914.

15 ans, comprend en plus des jeux et exercices de vélocité, surtout des exercices de formation, des « exercices correctifs et de tenue », qui sont complétés par des exercices utilitaires.

La gymnastique suisse de société.

La pratique des jeux populaires, lever et jet de pierre, lutte suisse, jeux de drapeaux, etc., dans lesquels excellaient déjà les vieux Suisses au moyen âge, s'est continuée traditionnellement en Suisse jusqu'à nos jours. La gymnastique populaire suisse a néanmoins successivement subi l'influence de CLIAS, JAHN et SPIESS.

Les premières sociétés suisses de gymnastique furent fondées en 1816 Berne, 1819 Bâle et 1820 Zurich ; en 1832, ces sociétés se réunirent en une « Association fédérale de gymnastique » qui, dès lors, organisa régulièrement des fêtes nationales de gymnastique.

La Société fédérale de gymnastique élabora en 1888 de nouveaux statuts et se trouve depuis lors composée d'une série d'« associations cantonales de gymnastique ».

Les concours de section, qui furent introduits dans les fêtes fédérales par MAUL, NIGGELER et ISELIN en 1861, ont constitué jusqu'à maintenant la base du travail des sociétés suisses de gymnastique. L'introduction récente des jeux et exercices utilitaires, sportifs et populaires, ainsi que la tendance que l'on a dans les sections suisses de gymnastique à séparer de plus en plus les exercices de formation des exercices d'application, nous permet de déclarer le programme gymnique suisse de société assez rationnel et adapté au but cherché par la culture physique : la formation d'hommes sains et utiles à l'humanité.

Ajoutons que des cours de moniteurs et de moniteurs-chefs de cercles sont organisés régulièrement par la Société fédérale de gymnastique, avec subvention du Département militaire fédéral afin d'uniformiser son programme de travail.

Le dernier état des membres de la Société fédérale de gymnastique (1915) déclarait 81 480 membres constituant 975 sections d'hommes, et 110 sections de dames avec 3800 membres. Plus de 15 000 gymnastes prirent part à la dernière fête fédérale, qui eut lieu à Bâle en 1912.

Allemagne.

Sans vouloir ici faire à nouveau tout l'historique de l'école allemande, nous dirons néanmoins que ce sont surtout GUTS-MUTHS et JAHN qui posèrent les premiers principes tant de la gymnastique scolaire que de celle de société. Mais ces deux sortes de gymnastique ne sont vraiment séparées que depuis l'influence de SPIESS.

La gymnastique scolaire allemande.

La gymnastique scolaire fut d'abord enseignée en Allemagne selon les principes de JAHN ; mais dès 1840, le programme allemand d'enseignement de la gymnastique scolaire fut modifié par l'adoption successive de la méthode de Spiess et de la méthode suédoise de Ling ; si bien que l'on peut dire que la gymnastique scolaire actuelle est un mélange d'exercices tirés de la méthode allemande (de Jahn et de Spiess surtout) et de la méthode suédoise.

Les programmes d'enseignement de la gymnastique n'étant pas totalement identiques dans les différents pays de l'Empire allemand, nous nous voyons obligé d'examiner ceux-ci successivement.

Prusse. — Par une ordonnance de cabinet du 6 juin 1842[1], l'enseignement de la gymnastique avait été rendu obligatoire dans les écoles de garçons en Prusse. Un « institut central de maîtres de gymnastique[2] » fut érigé en 1848, à Berlin, et eut comme premier directeur Massmann, élève de Jahn.

En 1850, un « institut central pour l'enseignement de la gymnastique dans l'armée » fut fondé à Berlin par le capitaine d'artillerie Hugo Rothstein (1810-1865), qui avait été envoyé par le gouvernement prussien, en 1843 et 1846, à Stockholm afin de se mettre au courant de la gymnastique sué-

[1] Kabinettsordre von 6. Juni 1842, in welcher die Leibesübungen als ein notwendiger und unentbehrlicher Bestandteil der männlichen Erziehung anerkannt wurden.

[2] « Zentralbildungsanstalt für Lehrer in den Leibesübungen. »

doise et de l'introduire en Prusse. MASSMANN, n'ayant pas grand succès, fut retraité en 1851 et les deux instituts, réunis en un seul « institut royal de gymnastique [1] », furent dès lors dirigés par ROTH-STEIN[2]. Celui-ci élabora, ensuite de son séjour en Suède, un système spécial de gymnastique, le « système Ling-Rothstein », qu'il tenta d'introduire officiellement en Prusse ; mais les partisans de la gymnastique allemande intervinrent auprès du gouvernement prussien, qui décida en 1862 de conserver les principes de JAHN. ROTHSTEIN, après cette décision du gouvernement prussien, quitta l'enseignement. L'« institut royal de gymnastique » fut dès lors dirigé par le docteur EDOUARD ANGERSTEIN[3] (1830-1896), par le docteur CHARLES EULER (1828-1901) et actuellement par le docteur PAUL DIEBOW (1861). Les docteurs ANGERSTEIN et LUCKOW[4] ont été les organisateurs de la gymnastique scolaire de la ville de Berlin. Depuis 1896, la direction et la surveillance de l'enseignement de la gymnastique dans les écoles de la Prusse ont été confiées au docteur LUCKOW.

[1] « Königliche Zentral-Turnanstalt. »

[2] H. ROTHSTEIN a publié un volume, *La gymnastique d'après le système suédois* (*Die Gynastik nach dem System des schwedischen gymnasiarchen P.-H. Ling*, 1846-1859) en cinq parties.

[3] E. ANGERSTEIN, *Ruf zum Turnen*, 1859. — *Grundzüge des Turnbetriebes in der städtischen Turnhalle*, 1867. — *Merkbüchlein für Turner*, 1875. — *Theorisches Handbuch für Turner*, 1870.

[4] LUCKOW, *Lehrstoff für den Turnunterricht an Knabenschulen*, 1904.

Des cours spéciaux de maîtres de gymnastique furent organisés dès 1864, en plus des cours des deux instituts officiels de Berlin; à partir de 1864 eurent lieu également des cours privés de maîtresses de gymnastique; dès 1880, ces cours devinrent officiels.

Saxe. — La gymnastique fut introduite déjà en 1837 dans les écoles supérieures du royaume de Saxe. Un « institut de maîtres de gymnastique[1] » fut créé à Dresde en 1849; un diplôme spécial de maîtres de gymnastique fut institué depuis 1857; un diplôme identique pour maîtresses fut créé en 1876. Depuis 1863 ont eut lieu tous les ans ou tous les deux ans des cours normaux[2]. Le stage comme candidat maître de gymnastique à l'institut de Dresde a été porté depuis 1903 à quatre semestres. En plus des cours normaux et des cours ordinaires de l'institut de Dresde, des « cours de répétition pour maîtres de gymnastique »[3] ont lieu depuis 1907 chaque année de janvier à Pâques à l'institut de Dresde.

L'institut de maîtres de gymnastique de Dresde a été dirigé jusqu'en 1881 par le Dr Moritz Kloss[4] (1818-1881), élève d'Eiselen, qui introduisit en Saxe

[1] *Bildungsanstalt für Turnlehrer.*
[2] *Turnkurse für Lehrer.*
[3] *Wiederholungskurse.*
[4] M. Kloss, *Katechismus der Turnkunst*, 1852. — *Die weibliche Turnkunst*, 1855. — *Die weibliche Hausgymnastik*, 1860. — *Die Anleitung zur Erteilung des Turnunterrichtes*, 1860.

une combinaison des systèmes JAHN-SPIESS et apporta personnellement de grands perfectionnements à la gymnastique scolaire. Il donna une grande importance aux exercices simultanés et chercha à multiplier et perfectionner le nombre d'appareils afin d'occuper simultanément le plus grand nombre d'élèves.

De 1881 à 1905, l'institut de Dresde fut dirigé par WOLDEMAR BIER[1] (1840-1906), élève du Dr KLOSS; le successeur de BIER fut WILHELM FROHBERG[2] également un ancien élève de l'institut, qui fut remplacé en 1911 par M. MAX FICKENWIRTH.

Nous devons encore citer comme propagateur de la gymnastique scolaire en Saxe, le Dr CHARLES LION[3] (1829-1901) qui, en 1862, fut nommé directeur des écoles de Leipzig et qui, dès 1881, a remplacé le Dr KLOSS comme inspecteur général de tous les séminaires de Saxe[4]. LION fut un adversaire acharné de ROTHSTEIN, qu'il attaqua dans plusieurs publications.

Bade. — La gymnastique fut pratiquée dans certaines écoles dès 1830; mais ce ne fut qu'en 1868

---

[1] W. BIER, *Neue Jahrbücher für die Turnkunst*, dès 1885.

[2] W. FROHBERG, *Handbuch für Turnlehrer und Vorturner*.

[3] C. LION, *Bemerkungen über den Turnunterricht in Knaben und Mädchenschulen*, 1888. — *Statistik des Schulturnens in Deutschland*, 1873. — *Leitfaden für den Betrieb der Ordnungs- und Freiübungen*, 1888. — *Die Turnübungen des gemischten Sprunges*, 1893. — *60 Tafeln Werkzeichnungen von Turngeräten*, 1883. — *Das Turnen in den Volksschulen*, 1893.

[4] Inspektor sämtlicher Seminare Sachsens.

que son enseignement fut introduit officiellement
dans les séminaires et écoles secondaires. En 1876,
l'enseignement de la gymnastique fut décrété obligatoire dans toutes les écoles populaires.

Un « institut pour la formation de maîtres de
gymnastique[1] » fut créé à Carlsruhe en 1869 ; cet
établissement, annexé à l'école normale, et dans
lequel est enseigné un mélange des systèmes Jahn-
Spiess, fut fréquenté par plus de 80 maîtres de
gymnastique de la Suisse allemande et eut comme
premier directeur ALFRED MAUL[2] (1828-1907), qui
de 1856 à 1869 enseigna les mathématiques et la
gymnastique au gymnase réal de Bâle, et contribua beaucoup au développement de la gymnastique scolaire et de société en Suisse. MAUL est
également le fondateur de la « Société badoise des
maîtres de gymnastique » et l'instigateur des cours
spéciaux pour maîtres et maîtresses de gymnastique qui, dès 1884, ont eu lieu chaque année.

Il est encore à citer, comme propagateur de la
gymnastique dans le grand-duché de Bade, le
docteur CHARLES WASSMANNSDORF (1821-1906) qui
vécut quelques années en Suisse et qui, dans de
multiples publications, s'occupa surtout de l'histoire et de la terminologie gymnastiques.

L'institut central de gymnastique de Carlsruhe

---

[1] Turnlehrer-Bildungsanstalt.

[2] A. MAUL, Anleitung für den Turnunterricht in Knabenschulen, 1908 (6me édition). — Turnübungen an Reck, Barren,
Pferd und Schaukelringen, 1902 (2me édition).

fut dirigé depuis la mort de MAUL par son élève, le
Dr FRÉDÉRIC RÖSCH. Ce dernier, après sa démission
en 1915, fut remplacé par le professeur EICHLER.

Wurtemberg. — La gymnastique fut introduite
dans les programmes scolaires dès 1845, sous l'influence de W. VON KLUMPP; une ordonnance gou-
vernementale de 1855 régla cet enseignement, qui
fut donné dès lors selon les principes de Spiess.
Une nouvelle ordonnance rendit en 1863 l'enseignement de la gymnastique obligatoire dans toutes les
écoles; la même année fut créé « l'institut central
de gymnastique de Stuttgart[1] », destiné à former des
professeurs de gymnastique et dont la direction fut
donnée au docteur HENRI JÆGER[2] (1828-1912), qui,
après avoir fait ses études à Tübingen, avait fonctionné comme maître de gymnastique et professeur
à l'Université de Zurich de 1854 à 1862, époque où
il rentra à Stuttgart.

Des « cours de répétition » pour l'enseignement
de la gymnastique de garçons et de la gymnastique
de filles, ainsi que des cours de jeux, ont été successivement établis à Stuttgart en 1863, 1892 et 1901,
afin de maintenir les maîtres de gymnastique au
courant des progrès réalisés par cette branche de
l'enseignement.

[1] *Turnlehrer-Bildungsanstalt* in Stuttgart.
[2] H. JÆGER, *Die Gymnastik der Hellenen*. Tübingen, 1848. —
Turnschule für die deutsche Jugend. Leipzig, 1864. — *Neue
Turnschule*. Leipzig, 1876.

Le programme scolaire de gymnastique enseigné au Wurtemberg et créé par le Dr Jæger est très varié; il a pour base le système Spiess et est complété par de nombreux exercices d'origine suédoise et quelques exercices utilitaires. Le docteur JÆGER eut de nombreux élèves; le plus connu de ceux-ci est le professeur FRITZ KESSLER (1854-1912), qui lui succéda dès 1890 comme directeur de l'«école royale de maîtres de gymnastique de Stuttgart», et qui fut remplacé à sa mort par le professeur Dr EBERHARDT.

Bavière. — La gymnastique fut introduite en Bavière dans les premières années du XIXme siècle par NEPOMUK FISCHER et CHARLES ROUX. Dès 1827, MASSMANN enseigna durant sept années la gymnastique à Munich, entre autres au corps royal des cadets. Mais ce n'est qu'en 1843 que l'enseignement de la gymnastique fut officiellement recommandé dans les écoles et en 1861 qu'il fut décrété obligatoire.

Des cours spéciaux pour maîtres de gymnastique eurent lieu à Munich dès 1866, sous la direction de HENRI WEBER[1] (1834-1906), qui est le fondateur de la Société des maîtres de gymnastique de Bavière (1875).

Un «institut pour maîtres de gymnastique[2]» fut

[1] H. WEBER, *Grundzüge des Turnunterrichts für Knaben und Mädchen*, 1877-78. — *Ballübungen*, 1877. — *Reigen für Mädchen und Knaben*, 1886.

[2] *Turnlehrer-Bildungsanstalt in München.*

également fondé à Munich en 1872 ; des cours d'enseignement de la gymnastique y sont donnés chaque année, du mois d'avril au mois d'août ; WEBER qui en fut le premier directeur eut comme successeur M. EMILE HENRICH, un élève de MAUL.

Grand-duché de Hesse. — La gymnastique fut introduite dans le duché de Hesse en 1843 ; mais ce n'est que dès 1848 qu'elle commença à être enseignée dans les écoles selon les principes de SPIESS ; en 1859, cet enseignement fut décrété obligatoire dans les écoles secondaires, et en 1874 dans toutes les écoles populaires. Depuis 1865, ont eu lieu chaque année des «cours d'instruction» de maîtres de gymnastique, qui furent d'abord dirigés par le professeur de gymnastique FERDINAND MARZ [1] (1827-1898) puis par E. SCHMUCK [2].

Duché de Brunswick. — La gymnastique fut introduite dès 1828 dans le duché de Brunswick ; en 1863, elle fut déclarée branche d'enseignement des écoles de la ville de Brunswick et dès 1878 elle fut introduite, par une déclaration ministérielle, dans toutes les écoles communales.

La gymnastique a été aussi successivement introduite comme branche obligatoire de l'enseignement scolaire dans *tous les autres pays confédérés de l'empire allemand.*

[1] F. MARZ, *Leitfaden für den Turnunterricht in Volksschulen*, 1885. — *Das Mädchenturnen in der Schule*, 1889-1890.

[2] SCHMUCK, *Turnübungen für Schule und Verein*, 1906.

La gymnastique allemande de société.

La gymnastique de société fut pratiquée en Allemagne dès le début du XIXme siècle ; c'est en 1816 que fut fondée, à Hambourg, la première société populaire de gymnastique[1]. Mais c'est surtout entre 1830 et 1860 que la gymnastique de société prit en Allemagne un très grand essor et que se fondèrent un très grand nombre d'associations populaires de gymnastique, si bien qu'en 1862, l'Allemagne en comptait 1284.

Trois grandes fêtes de gymnastique donnèrent l'occasion à ces sociétés de se réunir successivement à Cobourg en 1861, à Berlin en 1861 et à Leipzig en 1863. A cette dernière fête, où prirent part 20 000 gymnastes, furent lancées les bases d'une association d'ensemble de tous les gymnastes allemands ; la fondation de cette association, « Die Deutsche Turnerschaft », ne put être réalisée qu'en 1868, sous l'énergique direction de Georgii jusqu'en 1887, de Maul jusqu'en 1894, et du docteur Ferdinand Goetz (1826-1915) jusqu'en 1915. Parmi ceux dont le nom est encore lié avec la fondation de cette association, nous citerons le docteur Edouard Angerstein (1830-1896), l'organisateur de la gymnastique dans la ville de Berlin. Cette association, qui comprend la réunion de quinze groupements régionaux (Kreiseintheilung), n'a fait que

[1] *Hamburger Turnerschaft.*

prospérer et comptait en 1914 plus de 11 400 sections d'hommes avec 1 388 000 membres et 68 000 dames gymnastes. Elle organise en moyenne tous les cinq ans une fête fédérale de gymnastique allemande ; à celle de 1908, à Francfort sur le Main, prirent part 55 000 gymnastes. La dernière eut lieu à Leipzig en 1913, où se réunirent 72 000 gymnastes dont 17 000 prirent part aux exercices préliminaires d'ensemble.

Les principes du Turnvater JAHN forment la base du programme des sociétés de gymnastique d'Allemagne.

Autriche-Hongrie.

Le développement de la gymnastique, en Autriche-Hongrie, a été en général très lent et variable dans les différents pays constituant cette monarchie. La gymnastique qui y est pratiquée est avant tout d'origine allemande.

La gymnastique scolaire en Autriche.

Les principes de GUTS-MUTHS pénétrèrent jusqu'en Autriche ; mais ils ne furent mis en pratique qu'après 1840, époque où la gymnastique commença à être enseignée dans quelques écoles en Autriche. Une ordonnance impériale[1] introduisit en 1869 la gymnastique dans les branches d'ensei-

[1] Reichsvolksschulgesetz von 14 mai 1869.

gnement de toutes les écoles supérieures. Les candidats à l'enseignement de la gymnastique scolaire suivirent des cours spéciaux en 1871, à Vienne. Depuis 1886, un cours de maîtres de gymnastique[1] est donné à l'Université impériale de Vienne ; ce cours a été dirigé, de 1886 à 1891, par le professeur HANS HOFFER ; son successeur est le professeur GUSTAVE LUKAS. Le diplôme officiel de maître de gymnastique peut être obtenu après examens spéciaux ayant lieu chaque année à Vienne, Graz, Lemberg et Prague.

Une ordonnance ministérielle[2] a introduit, en 1874, la gymnastique dans les écoles communales et populaires de garçons et filles ; mais en 1883 une nouvelle ordonnance déclara la gymnastique non obligatoire dans les écoles de filles. Aucun nouveau règlement n'est venu ces dernières années changer cet état de choses.

Les maîtres de gymnastique se sont réunis en 1900 en une association, qui organise des assemblées et cours spéciaux pour ses membres et publie tous les trois mois un bulletin[3].

Le manuel utilisé en Autriche, qui a comme titre L'école autrichienne de gymnastique[4], est dû au professeur HILLINGER, de Linz. Citons encore les

[1] K. K. Turnlehrerbildungskurse.
[2] Ministerialverfügung vom 18. Mai 1871.
[3] Vierteljahrsschrift für körperliche Erziehung. Wien.
[4] HILLINGER, Oesterreichische Turnschule.

publications du docteur JARO PAWEL[1], professeur à l'Université de Vienne, et du professeur de gymnastique WILHELM BULEY, de Linz, qui contribuèrent beaucoup à la propagation de la gymnastique en Autriche.

La gymnastique de société en Autriche.

En même temps qu'en Allemagne, et sur les mêmes principes, se fondèrent en Autriche des sociétés populaires de gymnastique, qui d'abord s'unirent à l'association allemande. En 1890, une partie des sociétés autrichiennes se sépara de la ligue allemande et fonda une association particulière, le « Deutsche Turnbund in Oesterreich », qui comprenait, en 1910, 186 sections et 15 000 membres ; une nouvelle scission de sociétés autrichiennes de gymnastique faisant partie de l'association allemande eut lieu en 1904 ; et ainsi se constitua une « association autrichienne », qui comprend actuellement environ 700 sections et 75 000 gymnastes ; il ne reste plus en Autriche que 60 sections et 9000 membres qui se rattachent encore à la « Deutsche Turnerschaft ».

La gymnastique scolaire en Hongrie.

Les introducteurs de la gymnastique en Hongrie sont le docteur THÉODORE BAKODY et un officier de Hanovre, ERNEST BOKELBERG, qui, avec l'appui du

[1] JARO PAWEL, *Grundriss einer Theorie des Turnens*, 2 Bände, 1884-1885.

gouvernement, fonda une société de maîtres de
gymnastique en 1865. La gymnastique fut ajoutée
en 1868, en même temps qu'en Autriche, aux programmes d'enseignement scolaire. Des fêtes an-
nuelles de gymnastique scolaire[1] ont lieu depuis
1892.

La gymnastique de société en Hongrie.

Plusieurs sociétés de gymnastique se fondèrent
en Hongrie à partir de 1850; ces sociétés se réunirent, en 1865, en une «association hongroise de
gymnastique» qui, en 1909, alors qu'elle comptait
63 sections et 10 000 membres, se transforma en
une société sportive portant nom d'«Association
de sociétés hongroises de culture physique».

Bohême.

La gymnastique scolaire a subi la même évolution
qu'en Autriche. Un élève d'EISELEN, RODOLPHE DE
STEPHANY, contribua beaucoup à la diffusion de la
gymnastique scolaire en Bohême, en fondant et
dirigeant à Prague, de 1843 à 1862, une école de
maîtres de gymnastique. Ceux-ci se rattachent
actuellement à l'association autrichienne.

La gymnastique de société en Bohême.

Sous l'influence allemande, des sociétés de gymnastique s'étaient également formées en Bohême

[1] Schülerturnfeste.

entre 1830 et 1850. En 1862, le docteur TYRS et un nommé HENRI FÜGNER, originaire de Nuremberg, fondèrent une association tschèque de sociétés de gymnastique dite des « Sokols ».

Cette association, qui groupe également des sociétés en dehors des frontières de la Bohême, comprend actuellement 300 sections et 75 000 membres.

En plus de la gymnastique allemande, les Sokols ont introduit dans leur programme l'escrime et l'équitation ; 20 000 gymnastes concoururent à la dernière fête, qui eut lieu à Prague.

Suède.

La pratique des exercices corporels semble avoir été délaissée en Suède jusqu'au début du XIXme siècle, ou plus exactement jusqu'à la fondation par LING, en 1814, de l'institut central de gymnastique de Stockholm, établissement actuellement encore fréquenté par les maîtres de gymnastique suédois, qui, pour en obtenir le diplôme, y font un stage de trois ans.

La gymnastique scolaire en Suède.

La gymnastique ne fut introduite officiellement dans le plan d'études scolaires suédois qu'en 1840; chaque classe exécute depuis, journellement, sa demi-heure de gymnastique, pendant laquelle sont régulièrement répétés neuf à douze sortes de mouvements selon les principes de LING et ses élèves (voir première partie).

La gymnastique de société en Suède.

Malgré le grand développement de la gymnastique scolaire de LING, il n'existe en Suède que 35 sociétés de gymnastique avec environ 2200 membres. Nous croyons personnellement que ce résultat doit être imputé à la monotonie du système suédois.

Norvège.

La gymnastique scolaire en Norvège est basée et appliquée totalement d'après le système suédois; elle est enseignée dans toutes les écoles.

La gymnastique de société en Norvège est par contre plus développée qu'en Suède.

Elle comprend actuellement une « association de gymnastique et sports », formée par 180 sections et 12 000 membres. Au programme suédois ont été ajoutés les sports ainsi que l'utilisation d'agrès, comme les barres et le reck. C'est probablement grâce à cette variation dans leur programme que les sociétés de gymnastique ont eu plus de succès en Norvège qu'en Suède.

Danemark.

La gymnastique scolaire danoise.

Le Danemark doit être cité en tête des pays européens, quant à l'introduction obligatoire de la gymnastique dans le programme pédagogique scolaire. En effet, sous l'influence de François Nachtigall (1777-1847), le roi Fréderic VI fonda en 1808, à Copenhague, un « institut pour la formation des maîtres de gymnastique ». Cet établissement fut dirigé par Nachtigall jusqu'en 1842 ; puis par le lieutenant-colonel danois Georges La Cour.

Le roi de Danemark ordonna en 1814 l'exécution d'une heure de gymnastique journalière dans toutes les écoles de garçons du royaume ; mais, par suite des frais qu'occasionnait cette innovation, le programme de gymnastique scolaire ne put réellement être suivi qu'à partir de 1827. Le programme scolaire actuel prévoit, pour toutes les écoles danoises, quatre heures de gymnastique par semaine, sans compter les heures de jeux.

En plus des cours de gymnastique de l'établissement de Copenhague, le gouvernement danois organise chaque année, depuis 1897, deux « cours de jeux d'écoliers » destinés aux instituteurs et institutrices.

La gymnastique danoise de société.

Malgré l'appui du gouvernement, la gymnastique ne se popularisa pas au Danemark; ce n'est qu'après la guerre de 1864 que le peuple danois comprit l'utilité et la nécessité de l'entraînement physique. Des sociétés de gymnastique et tireurs à but militaire furent alors fondées; depuis 1870, les sociétés civiles et les sociétés militaires de gymnastique se sont séparées, constituant des associations séparées.

La gymnastique de chambre, surtout suivant le système J.-P. MÜLLER, a pris ces dernières années une très grande extension au Danemark et dans le nord de l'Europe.

Russie.

L'enseignement de la gymnastique n'a commencé à se répandre en Russie qu'à partir de 1880; cet enseignement fut en effet introduit en 1886 dans le programme des écoles de garçons; en 1889, un programme spécial de gymnastique, sorte de mélange des systèmes suédois et allemand, fut élaboré et sert depuis comme base à cet enseignement.

Les sociétés de gymnastique, à part les sociétés tschèques et celles de Finlande, sont peu nombreuses; elles se sont pourtant réunies en 1909 en une association nationale russe.

France.

La gymnastique scolaire en France.

A la suite des efforts d'AMOROS et de ses élèves, la gymnastique fut portée en 1860 au programme des écoles normales de France, et en 1865 à celui des lycées; elle fut décrétée, en 1869, branche obligatoire d'enseignement dans toutes les écoles de garçons et, en 1872, dans toutes les écoles de filles.

Un « manuel d'exercices gymnastiques et de jeux scolaires » fut publié comme guide de cet enseignement en 1891. Les maîtres de gymnastique qui enseignèrent d'abord la gymnastique scolaire étaient d'anciens gymnastes militaires, sortant de l'école de Joinville.

La ville de Paris organisa chaque année, dès 1891, un « cours supérieur d'éducation physique » et chargea G. DEMENY de sa direction. Ce dernier fut également, dès 1903, chargé de la direction du « cours supérieur d'éducation physique » annexé à l'Université de Paris et créé par le ministère de l'Instruction publique.

En 1907, un diplôme supérieur a été créé par le ministère pour les participants au cours supérieur qui subissent avec succès l'examen final de celui-ci; nul depuis 1909 ne peut être nommé professeur de gymnastique dans un lycée ou collège de l'Etat sans avoir subi cet examen.

La gymnastique scolaire, enseignée en France

selon les principes de DEMENY, est très rationnelle ; elle comprend un programme de formation totalement basé sur l'action physiologique des mouvements ; des exercices d'applications et exercices sportifs complètent ce programme.

La gymnastique militaire en France, qui d'abord était uniquement amorosienne et était enseignée surtout à l'école de Joinville et par les élèves de celle-ci, a subi, à partir de 1888, l'influence des suédistes, qui y introduisirent les principes de LING. Mais ensuite des travaux de DEMENY, le système de ce dernier a prévalu sur la méthode suédoise. La méthode naturelle de HÉBERT forme la base de l'éducation physique de la marine. .

La gymnastique française de société.

La gymnastique de société se développa plus tardivement en France qu'en Allemagne ; la première société de gymnastique qui fut fondée sur le sol français prit naissance en 1860 à Guebwiller, en Alsace, constituée par quatre Suisses et trois Alsaciens. La guerre franco-allemande réveilla le sentiment populaire du peuple français, qui comprit combien grande était la nécessité de l'exercice corporel. Plusieurs sociétés furent créées en 1871 ; en 1873, sept de ces sociétés s'unirent et fondèrent l'« Union des sociétés de gymnastique de France », qui a pris dès lors, sous l'influence et la direction de ZIEGLER, POZ, CRISTMANN, FÉLIX FAURE, CHARLES

CAZALET, etc., un développement considérable et compte aujourd'hui plus de 1500 sociétés et plus de 400 000 membres.

Les exercices pratiqués par les gymnastes français sont basés sur le programme gymnique d'AMOROS ; c'est essentiellement un programme d'application auquel le tir est ajouté comme exercice obligatoire. L'« Union des sociétés de gymnastique de France » a été reconnue officiellement, en 1903, comme société patriotique et reçoit depuis comme telle un subside annuel du gouvernement français ; elle organise régulièrement chaque année une fête nationale de gymnastique, dont la première eut lieu à Paris en 1875.

Belgique.

La gymnastique y fut importée d'Allemagne par JOSEPH ISENBÆRT, qui, en 1839, fonda à Anvers la première section belge de gymnastique et fit édifier dans cette ville, en 1853, une grande halle de gymnastique, où fut enseignée la gymnastique, ainsi que par son successeur, JACOB HAPPEL[1], de Mainz, jusqu'en 1870. Leur méthode d'enseignement était basée sur celle de SPIESS, mais leurs principes ne furent maintenus que par les sociétés populaires de gymnastique. Celles-ci se réunirent, en 1865, en

[1] HAPPEL est le fondateur du *Gymnaste Belge,* organe officiel de la Fédération belge de gymnastique.

une « Fédération belge de gymnastique » qui comprend actuellement 250 sections et 20 000 gymnastes environ. Parmi les gymnastes belges, nous devons particulièrement citer J. Cupérus, d'Anvers, qui est le fondateur de la Fédération belge et le promoteur de l'« Association internationale de gymnastique », qui fut créée à Anvers en 1897 et qui groupe toutes les sociétés nationales de gymnastique, à l'exception de celles de la Suisse, de l'Autriche et de l'Allemagne.

La gymnastique scolaire belge.

Le gouvernement belge décréta en 1879 l'instruction de la gymnastique obligatoire dans l'armée et les écoles, suivant le système du major G. Docz, qui avait été envoyé en 1872 en Suède afin d'étudier la méthode de Ling. Le major Docz, qui fut nommé inspecteur scolaire de gymnastique en 1884, était partisan de la gymnastique suédoise absolue, et fut un adversaire de la gymnastique pratiquée par la Fédération belge.

Hollande.

La gymnastique scolaire.

C'est en 1863 que le gouvernement hollandais introduisit la gymnastique comme branche d'enseignement dans les écoles supérieures et primaires; le professeur de gymnastique Charles Euler (1809-1885) fut le promoteur de cet enseignement, ainsi que le fondateur de la « Société hollandaise des maîtres de gymnastique », qui existe depuis 1862. La gymnastique scolaire est enseignée en Hollande selon les méthodes de Jahn-Spiess.

La gymnastique de société.

Des sociétés de gymnastique furent fondées un peu partout en Hollande à partir de 1849 ; en 1868, elles formèrent le « Nederlandsch Gymnastiek-Verbond », qui comptait, en 1910, 266 sections et plus de 21 000 gymnastes.

Italie.

Le fondateur de la gymnastique italienne est RODOLPHE OBERMANN (1812-1869), Suisse d'origine, qui fut appelé en 1834 à diriger l'enseignement de la gymnastique à l'académie militaire de Turin.

La gymnastique scolaire en Italie.

La gymnastique a été introduite en 1862 comme branche d'enseignement des écoles supérieures ; depuis 1878, elle figure aussi dans le programme d'étude de toutes les écoles primaires et populaires ; mais cet enseignement n'a, dans la plupart des écoles du royaume d'Italie, pas pu être régulièrement donné, par suite de l'absence de subsides, places, halles et engins de gymnastique.

OBERMANN fonda pourtant, déjà en 1861, avec l'appui du gouvernement, une « école centrale de maîtres de gymnastique » à Turin, école où le gouvernement et les communes envoient les aspirants maîtres de gymnastique.

En 1860 avait déjà été fondée à Rome, par le docteur EMILE BAUMANN, également Suisse d'origine, une « école normale de maîtres de gymnastique », qui est aussi fréquentée par les aspirants au brevet italien d'enseignement de la gymnastique.

La gymnastique de société en Italie.

La première société italienne de gymnastique fut fondée à Turin en 1844, par OBERMANN ; d'autres sociétés furent créées depuis dans toute l'Italie. En 1888 fut fondée la « Federazione ginnastica nationale Italiana », qui compte actuellement près de 300 sections et 30 000 membres.

La gymnastique populaire italienne ressemble beaucoup à la gymnastique amorosienne et comprend en outre la pratique de tous les sports ; elle a avant tout un caractère patriotique et militaire.

Espagne.

Le colonel AMOROS, avant d'aller en France, avait fondé en 1800 un institut de gymnastique à Madrid. Mais à part cet essai, la culture physique fut totalement délaissée en Espagne jusqu'en 1886, époque de la fondation à Madrid d'une « école centrale pour la gymnastique » ; son enseignement n'a pourtant pas encore été rendu obligatoire dans les écoles d'Espagne.

Le nombre des sociétés de gymnastique d'Espagne est très restreint; nous n'avons pas connaissance d'une association nationale de celles-ci.

Grèce.

Les restes de la culture physique de l'antiquité grecque ont été effacés par la domination turque. Ce n'est qu'à partir de 1830 que la gymnastique fut de nouveau pratiquée en Grèce selon la méthode amorosienne.

Un « institut central de gymnastique » fut fondé en 1834 à Athènes; mais malgré cela l'enseignement de la gymnastique n'a pas encore trouvé en Grèce l'accueil voulu pour le décréter obligatoire dans les écoles.

Les sociétés de gymnastique sont peu nombreuses en Grèce. Les sports purs et l'athlétisme sont un peu plus en vogue. Des jeux olympiques furent organisés en 1896 et 1906 à Athènes.

Roumanie.

La gymnastique a été introduite dernièrement comme branche d'instruction obligatoire dans toutes les écoles et dans l'armée. Une trentaine de sociétés avec 2000 gymnastes forment l'Association roumaine de gymnastique.

Bulgarie.

Le gouvernement bulgare décréta en 1893 également, la gymnastique comme branche scolaire obligatoire ; il adopta le programme scolaire suisse et fit appel à cette époque à plusieurs gymnastes vaudois, dont quelques-uns enseignent encore dans ce pays.

Angleterre.

Malgré les efforts de CLIAS, en 1821, et D'ARCHIBALD MACLAREN, en 1861, pour l'introduction de la gymnastique réglée en Angleterre, celle-ci ne fut pas admise par la majorité du public anglais, qui préféra de tout temps la libre pratique des sports et des jeux à celle de la gymnastique.

Il existe pourtant, principalement dans les villes d'Angleterre, quelques sociétés populaires de gymnastique, mais celles-ci ne groupent que peu de membres. Elles constituent néanmoins trois associations distinctes, celle d'Ecosse, celle du Centre et celle du Sud de l'Angleterre.

Les autres sociétés sportives anglaises se sont liguées en 1886 et ont formé la «National Physical Recreation Society ».

Les écoliers anglais pratiquent aussi librement les jeux et sports pendant leurs heures d'éducation physique. En outre, dans toutes les écoles primaires

8

et secondaires, il est donné régulièrement chaque semaine trois leçons de 20 à 30 minutes de gymnastique rationnelle.

Association européenne de gymnastique.

Cette association, fondée en 1897 et qui est présidée par J. CUPÉRUS, d'Anvers, groupe les associations nationales de tous les pays européens que nous avons passé en revue, moins celles de Suisse, d'Autriche et d'Allemagne.

Elle a comme but l'organisation de tournois internationaux, qui coïncident avec une fête nationale à laquelle sont conviés tous les gymnastes des pays de l'Association.

Amérique du Nord.

En Amérique du Nord comme en Angleterre, la libre pratique des sports l'a emporté en général sur celle de la gymnastique réglée.

Les Américains, comme les Anglais d'ailleurs, ne s'adonnent pas à un sport unique, mais en pratiquent toujours plusieurs se compensant. Cela leur permet d'atteindre aussi un degré de développement corporel complet, qui a permis à de nombreux athlètes américains de se classer en tête dans certains exercices des dernières olympiades récemment restaurées.

Japon.

En dehors des peuples européens et du Nord de l'Amérique, il est encore le peuple japonais qui s'adonne à l'entraînement physique. Depuis la haute antiquité, la lutte fut en grand honneur au Japon ; une secte religieuse pratiquait une lutte spéciale nommée le « jiu-jitsu » ; durant ce dernier siècle, cette lutte, qui comprend un long entraînement de tractions et répulsions, s'est popularisée et est exécutée actuellement par tous les Japonais ; c'est au jiu-jitsu qu'ils attribuent même l'excellente préparation militaire dont ils ont fait preuve lors de la guerre russo-japonaise.

TABLE DES MATIÈRES

Imprimerie Genoux & Amstutz, Lausanne

www.ingramcontent.com/pod-product-compliance
Lightning Source LLC
Chambersburg PA
CBHW052039270326
41931CB00012B/2552